Bayern
mit dem Wohnmobil

Mit schönster Aussicht auf
die Burg Wertheim lässt
es sich am Main übernachten.

Wilfried und Lisa Bahnmüller

BAYERN
MIT DEM WOHNMOBIL

Die schönsten Routen zwischen
Main, Donau und Isar

BRUCKMANN

An der Deutschen Alpenstraße spielen natürlich die Berge wie am Schliersee eine Hauptrolle.

INHALT

» WUNDERBARES LAND DER BAYERN

Der Bayerische Löwe wacht über den Waginger See.

Ganz im Westen Bayerns trifft man am Bodensee bei Lindau auf Apfelhaine.

EINE LOBESHYMNE

Man kann es nicht verleugnen, eine gnädige Natur hat diesen Fleck Erde im Südosten Deutschlands begünstigt. Sieht man einmal vom Meer ab, ist alles vorhanden, was sich der Mensch nur erträumen kann. Das weite Land bietet jede denkbare Abwechslung: Da sind die hohen, Respekt einflößenden Berge im Süden, modelliert wirkende Moränenhügel und von Flüssen geprägte Ebenen, die grünen Mittelgebirge des Bayerischen Waldes oder die Weinberge Frankens – nirgends erscheint es langweilig, immer ist es anders.

Bäche und Flüsse, kleine und große Seen, mondän erschlossene und ganz unbekannte, laden im Sommer zum Wassersport und im Winter zum Eislauf ein. Die Dörfer und Städte sind, zumindest auf den ersten Blick, noch nicht verbaut, haben ihre alte Form und ihr Gesicht weitgehend bewahrt. Viele gut markierte Wege sowohl für Wanderer als auch für Fahrradfahrer lassen keine Wünsche offen und führen meist direkt in die wunderschöne Natur. Dazu kommen zahlreiche weitere Sportmöglichkeiten, denen in Bayern nichts im Wege steht.

Prächtige Kirchen und nicht weniger prächtige Wirtshäuser laden allenthalben zu einem Besuch ein. So kann man Kunst und Kulinarik bestens verbinden. Ebenso finden wir Museen aller Art, vom klassischen Heimatmuseum über Kunstgalerien bis hin zu Technik- oder Freilichtmuseen, und das nicht nur

in den großen Städten, sondern auch in Dörfern oder auf dem Land. Traditionen, Bräuche und Sitten werden überall hochgehalten. Es wird hart gearbeitet, es wird aber auch gesungen, gespielt und gefeiert, ohne dass es einer großen künstlichen Organisation bedarf.

Diese Sätze könnten übertrieben klingen, doch sie sind wahr. Das beweisen die vielen Gäste, die hier alle Jahre ihre schönsten Tage des Jahres verbringen. Bayern ist wirklich groß und vielfältig.

BAYERN ZWISCHEN TRADITION UND MODERNE

Viele Klischees ranken sich um das Leben in Bayern. Einige davon sind absolut übertrieben, andere Realität. So werden nicht überall Weißwürste zum Frühstück gegessen, aber eine resche Brezn geht eigentlich immer.

Das Motto »Leben und leben lassen«, als Schriftzug »Liberalitas Bavarica« über der oberbayerischen Pollinger Klosterkirche zu lesen, trifft in vielen Gegenden zu. Und überall freut man sich über ein freundliches »Grüß Gott«, denn in Bayern ist es immer noch üblich, dass man sich grüßt, auch wenn man sich nicht kennt.

Tradition und Brauchtum werden gelebt, viele Menschen tragen Tracht, und das nicht nur an Fest- und Feiertagen. Überhaupt sind die Bayern meist in Feierlaune. Landauf und landab gibt es kaum ein Wochenende, an dem nicht irgendwo gefeiert wird. Zwischen dem Main und den Alpen gibt es unzählige Feste und Veranstaltungen. Da sind die Festspielwochen mit Theater und Musik, Feste, die an bestimmte historische Ereignisse erinnern, oder solche, die einen religiösen Hintergrund besitzen, sich am Jahreslauf oder an bestimmten Heiligen orientieren. Wer Glück hat und zum richtigen Zeitpunkt am richtigen Ort ist, darf Bayern dann von seiner herzlichsten, ehrlichsten und ursprünglichsten Seite kennenlernen.

EIN BISSCHEN GESCHICHTE

»Schon die Römer ...«, so kann man manche Geschichtsbetrachtung beginnen, doch in

Traditionell und musikalisch geht es hingegen im Allgäu zu.

Links: In Passau werden wir neben dem großen Dom von einer lebendigen Kleinstadt überrascht.

Viel Zeit für sportliche Aktivitäten, u. a. für eine Kanutour auf der Altmühl, dürfen wir uns bei den Fahrten nehmen.

Bayern stimmt das nicht. Denn vor den Römern gab es die Kelten, und diese hatten das ganze Land nördlich der Alpen besiedelt. Viele Spuren konnte man bis jetzt nicht von ihnen finden, ein paar Fliehburgen und ein paar Wälle, die eine keltische Stadt andeuten, mehr nicht. Die Römer, die dann im Jahr 15 v. Chr. auftauchten, haben diese Ureinwohner offensichtlich gut integriert und immerhin über 400 Jahre inneren Frieden bewahren können, bis sie selbst vom Sturm der Völkerwanderung vertrieben wurden. Und so können zwar die Schwaben oder die Franken ihre Herkunft ganz eindeutig auf einen Germanenstamm zurückführen, die Altbayern jedoch nicht. Sie haben sich als Mischbevölkerung aus Kelten, Römern, Alemannen, Markomannen und anderen zugewanderten Stämmen entwickelt.

Die frühesten Schlaglichter in der bayerischen Geschichte sind die Agilolfinger. Ihnen gelang es, einen gewissen Machtbereich aufzubauen, der von der Donau bis nach Kärnten und ins Friaul reichte. Ihr letzter Vertreter, Tassilo III., lebte im ausgehenden 8. Jahrhundert. Sein Gegenspieler war Karl der Große, der bedeutendste Kaiser des Mittelalters. Tassilo verlor das Ringen um Macht und Selbstständigkeit, ab da gehörte Bayern zum Deutschen Reich.

Trotzdem verlief die Geschichte von Franken, Schwaben und Altbayern im Laufe der Jahrhunderte sehr unterschiedlich. Verschiedene Herrscher, Adels- und Königshäuser wie auch Religionen prägten das Gebiet des heutigen Bayern. Während in Altbayern 1506 das berühmte Primogeniturgesetz eingeführt wurde, das jeweils dem ältesten Erben die Herrschaft zusprach, gab es in Franken und Schwaben die Realteilung. Sie bedeutete eine Aufteilung des Landes in viele kleine Parzellen, die es letztlich schwierig machten, erfolgreich zu wirtschaften. Die Gesetze betrafen übrigens die gesamte Bevölkerung, den Adel wie auch Bauern und Handwerker.

Für die Wittelsbacher in Altbayern war das Primogeniturgesetz ein kluger Schachzug, sie regierten schließlich bis 1918. Aber von dem Gesetz profitierte auch die Bevöl-

kerung. Zum einen blieb bei den Bauern die Größe des Hofes im Bereich der Wirtschaftlichkeit, zum andern gab es durch die stabile Thronfolge für gut 400 Jahre Frieden in Altbayern. Deshalb finden wir auch im heutigen Oberbayern nur ganz wenige alte Burgen und Festungen. Im Bereich der jahrhundertelangen Vorherrschaft der Wittelsbacher brauchte sich ein Burgherr nicht gegen seinen Nachbarn zu verteidigen. Diese Ruhe im Land wirkte sich sogar auf den Baustil der Bauernhöfe aus. Es war kein Risiko, ein offenes, von allen Seiten zugängliches Haus zu bauen, weil es niemanden gab, der es bedroht hätte.

In Franken hingegen regierten vor allem lokale Adelsgeschlechter, die mehr oder weniger stark und mächtig waren. Infolgedessen war Franken politisch über viele Jahrhunderte kleinteilig zersplittert. Zur Einigung Frankens kam es erst nach dem Ersten Weltkrieg, als der Adel seine Macht endgültig verlor. Genauer gesagt am 8. November 1918, als Kurt Eisner den Freistaat Bayern ausrief, der schließlich mit der ersten bayerischen Verfassung, der Bamberger Verfassung im August 1919, verbrieft und in das Deutsche Reich integriert wurde.

UNSERE ROUTENVORSCHLÄGE ZU DEN TRAUMZIELEN

Auch wenn Bayern eigentlich aus sieben Regierungsbezirken besteht, kann man es grob in vier große Urlaubsgebiete einteilen: Oberbayern, Franken, Bayerisch Schwaben und Ostbayern. Darunter fallen jede Menge Traumziele, etwa das Allgäu, das Chiemgau, das Voralpenland, der Bayerische Wald sowie Mainfranken oder das fränkische Weinland. So unterschiedlich diese Landstriche sind, so haben sie doch eines gemeinsam: Sie sind alle wunderschön!

Am besten entdecken Sie die Schönheit Bayerns selbst. Fast alle unserer vorgeschlagenen Routen lassen sich nahtlos miteinander verknüpfen oder über eine kurze Zwischenfahrt verbinden. So können Sie die verschiedenen bayerischen Landschaften intensiv kennenlernen.

Und auch Kunst und Kultur, wie im Kloster Benediktbeuern, kommen nicht zu kurz.

» DIE ROUTEN

Der Forggensee bildet den Übergang vom Allgäu nach Oberbayern.

1 KLÖSTER IN SCHWABEN ZWISCHEN DONAU UND DEM BODENSEE

Von Ulm nach Lindau

Als eher unbekannte Ecke Bayerns gilt Bayerisch Schwaben. Dabei ist Ulm eines der Tore nach Bayern. Von dort machen wir uns auf den Weg nach Süden. Vorbei an vielen einsamen, historisch wertvollen Klöstern und Wallfahrtskirchen, geht es entlang der Iller in Richtung Berge. Hübsche Kleinstädte wie Memmingen liegen auf dem Weg. Zum Finale besichtigen wir mit einem Abstecher nach Baden-Württemberg Leutkirch und Isny im Allgäu, bevor wir über das hügelige Westallgäu in Lindau am Bodensee eintreffen.

Endziel der Route ist der Bodensee, den wir durch das Allgäu bei Hergensweiler erreichen.

DIE ZWEI-LÄNDER-STADT ULM

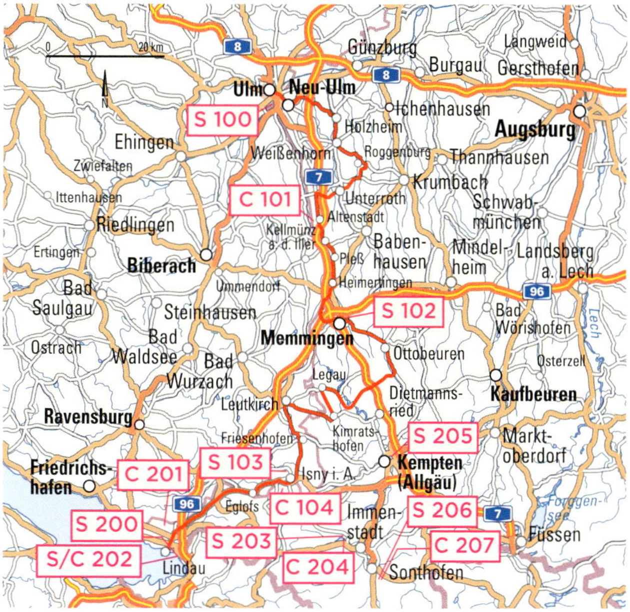

Ulm gilt als die Zwei-Länder-Stadt, trennt doch die Donau die Stadt in einen südlichen bayerischen Teil (Neu-Ulm), während das Nordufer zu Baden-Württemberg gehört. Der einstige Reichtum Ulms war legendär und spiegelt sich in einem Spruch wider, der bereits im 15. Jahrhundert die Kräfteverhältnisse im südlichen Europa charakterisierte:

Venediger Macht,
Augsburger Pracht,
Nürnberger Witz,
Straßburger Geschütz
und Ulmer Geld
regier'n die Welt.

Als Reichsstadt besaß Ulm riesige Ländereien im weiten Umland und war, weil die Donau ab Ulm gut schiffbar war, zudem Umschlagplatz für Eisen, Holz, Salz, Wein und Textilien. Vor allem der Barchent, ein Mischgewebe aus Baumwolle und Leinen, brachte unglaublich viel Geld in die Stadtkasse. Vom damaligen Wohlstand zeugt auch das Ulmer Münster, das ab 1377 gebaut wurde. Sein über 161 Meter hoher Turm ist der höchste Kirchturm der Welt.

Doch schon im 16. Jahrhundert begann schrittweise der wirtschaftliche Niedergang der Stadt. 1802 dann hatte die reichsstädtische Herrlichkeit ein Ende. Napoleon gliederte Ulm in das Kurfürstentum Bayern ein, und knapp zehn Jahre später wurde es durch einen Gebietstausch Württemberg zugeschlagen. Noch etwas später wurden Ulm und Neu-Ulm unter dem Eindruck der Napoleonischen Kriege zur Bundesfestung erklärt. Die Bundesfestungen sollten einen erneuten Einfall Frankreichs verhindern. Ulm/Neu-Ulm war die größte davon, sie konnte im Kriegsfall 20 000 Soldaten aufnehmen.

Das Innere des **Ulmer Münsters** ist unbedingt eine Besichtigung wert und beeindruckt vor allem durch die hoch aufragenden gotischen Säulen. Sehr interessant ist auch das aufwendig geschnitzte Chorgestühl mit seinen detaillierten Figuren. Wendet man sich vom Münster aus nach Süden, so trifft man als Erstes auf das **Rathaus**, das in der Zeit der Renaissance erbaut und mit Fresken aus der Stadtgeschichte geschmückt ist. Hinter dem Rathaus beginnt

Ulmer Münster in der Dämmerung

ROUTE 1

START- UND ENDPUNKT
Ulm und Lindau

STRECKEN
überwiegend Landstraßen

STRECKENLÄNGE
ca. 180 Kilometer

FAHRZEIT
3 Tage

BESTE JAHRESZEIT
April bis Oktober

Links: Das Untere Tor, auch »Gickeler« genannt, in Weißenhorn

Rechts: Orgel in der Kirche des Prämonstratenserklosters Roggenburg

das **romantische Fischerviertel** mit seinen schmalen Straßen und den wunderschönen Fachwerkhäusern, bis wir schließlich an die Donau stoßen. Sie zu überqueren ist fast Pflicht bei einem Besuch der Stadt, denn nur so erlebt man den berühmten Blick auf die Donau, die Altstadt und den Turm des Münsters. Damit sind wir in Neu-Ulm und gehen noch über die Bahn zum **Glacis Park**, um eindrucksvoll zu erleben, wie sich abweisend raue Militäranlagen in friedlichen Zeiten in einen schönen und erholsamen Park verwandeln können.

VON ULM NACH ILLERTISSEN

Wir verlassen Ulm in Neu-Ulm und fahren auf der Memminger Straße ein kurzes Stück nach Süden. Dann biegen wir auf die B10 (Richtung Nersingen/A7) und folgen auch ihr nur ein kurzes Stück. Bald nach der Tankstelle geht es für uns rechts in die Breitenhofstraße, und schon verlassen wir die Stadt. Hinter Finningen queren wir die A7, fahren durch Holzheim und erreichen entlang der landwirtschaftlich genutzten Felder **Pfaffenhofen an der Roth**. Die Gemeinde ist bekannt für ihre große Marienkirche mit der Lourdeskapelle, wo die Wallfahrt noch lebendig ist. Die moderne Rundkirche liegt östlich des Ortskerns.

In Pfaffenhofen geht es nach Süden und wir fahren nach **Weißenhorn**. Das nette Städtchen mit seinem gut erhaltenen mittelalterlichen Charakter lohnt einen Bummel. Zur Begrüßung treffen wir auf mächtige Stadttore, die Stadtmauer ist jedoch verschwunden. Rund um den Kirchplatz mit der Pfarrkirche Mariä Himmelfahrt liegen die

Das Vöhlinschloss wurde auf einem Hügel über Illertissen erbaut.

meisten Sehenswürdigkeiten, etwa das Rathaus, das Fuggerschloss oder das prächtige Obere Tor. Auch in den entfernteren Gassen entdeckt man hübsche Fachwerkhäuser.

Wir verlassen Weißenhorn auf der Memminger Straße und halten uns am großen Kreisverkehr (hier gibt es einen kleinen Wohnmobilstellplatz: GPS 48.299825, 10.160074) links, wo uns die Roggenburger Straße über Biberach (auch hier ein Wohnmobilstellplatz in Brauereinähe: GPS 48.288094, 10.221901) zum Kloster nach **Roggenburg** führt. Der große Klosterkomplex liegt auf einer Anhöhe und dominiert das ganze Umland.

Nicht nur die prächtig ausgestattete **Klosterkirche** sollte man besichtigen. Auch die weitläufige Anlage, die einem Schloss gleicht, mit ihren Innenhöfen, dem Kräutergarten, dem Klosterladen und dem Gasthof verlocken zum Bleiben. Spazier- und Wanderwege führen hinunter zum großen Klosterweiher, in dem man baden kann.

Nach der Besichtigung fahren wir über Meßhofen nach Nordholz und biegen dort rechts ab. Jetzt kommen wir schneller voran, queren bald wieder die A7 und sind schon in **Illertissen**. Über der Stadt wacht das **Vöhlinschloss** mit seinem Bienenmuseum. Zu seinen Füßen liegt die Altstadt, die sich vor allem zwischen dem Marktplatz und dem Martinsplatz erstreckt. Von der dortigen Martinskirche erklingen täglich um 10, 16 und 20 Uhr herrliche Melodien eines Glockenspiels.

Nach dem kurzen Rundgang fahren wir weiter zum Campingplatz, der direkt an der Illerbrücke liegt, und lassen am Flussufer entspannt den Tag ausklingen. Wer noch baden möchte, wird im nahen Freizeitbad Nautilla glücklich.

ENTLANG DER ILLER NACH MEMMINGEN

Am nächsten Morgen starten wir nach Süden. Wer Strecke machen möchte, kann auf der A7 direkt nach Memmingen düsen. Landschaftlich schöner ist die Fahrt in Illernähe über die Dörfer Altenstadt, Kellmünz mit seinen Badeweihern, Fellheim und Hei-

Pfaffenhofen an der Roth
Marienkirche
6,2 km

Weißenhorn
Mittelalterliches Stadtbild
7,6 km

Roggenburg
Klosteranlage
14,8 km

Illertissen
Vöhlinschloss, Museum
28 km

Vor dem Steuerhaus in Memmingen genießt man die Sonne in Straßencafés.

mertingen. Unterwegs besuchen wir ein kunsthistorisch äußerst sehenswertes Kloster: **Buxheim mit seiner Kartause** (kartause-buxheim.de). Hier können wir den Kreuzgang mit den Mönchshäuschen besichtigen und uns in einem Museum über den Orden informieren. Die größte Sehenswürdigkeit ist das Chorgestühl, das von Ignaz Waibl im späten 17. Jahrhundert geschnitzt wurde. Dabei vergessen wir die übrigen Kirchenbauten nicht, die unter anderem von den Gebrüdern Zimmermann gestaltet wurden.

Von Buxheim sind wir anschließend schnell in **Memmingen**. Der Stellplatz liegt nördlich der Altstadt und eignet sich gut für die Stadtbesichtigung. Entlang des Stadtbachs sind wir zu Fuß bald am Ulmer Tor. Die Stadt Memmingen hat unglaublich viel für ihre Besucher zu bieten. Zwei Rundwege, bestens beschildert, führen durch die Stadt (»Roter Weg«) bzw. durch die Grünanlagen am Rand der Altstadt (»Grüner Weg«). Unbedingt gesehen haben sollte man den **Marktplatz** mit dem prachtvollen Steuerhaus und dem nicht minder großartigen Rathaus. Der offene Stadtbach bringt uns zum **Schrannenplatz** mit dem Fischerbrunnen und durch die Lindentorstraße zum **Siebendächerhaus**. Das war das ehemalige Haus der Gerber, die einzelnen Dachetagen dien-

KULTUR

DER KARTÄUSERORDEN

Die Aufgaben dieses strengen katholischen Ordens lauten »Gott loben, Buße tun und beten«. Die Mönche leben, vollkommen abgeschnitten von der Welt und schweigend, in Zellen, die um einen Kreuzgang gebaut sind. Die Hochblüte des Ordens war das Mittelalter, dann begann ein stetiger Rückgang, bis im Zuge der Säkularisation alle Ordensniederlassungen geschlossen wurden. Die meisten Klöster wurden verkauft und abgebrochen oder sie verfielen. Buxheim gehört zu den wenigen zumindest als Bau erhaltenen Kartäuserklöstern. Heute gibt es wieder neue Kartausen, zwar nur sehr wenige, aber weltweit. Eine davon ist die Kartause Marienau bei Bad Wurzach in Oberschwaben.

Buxheimer Chorgestühl

ten zum Trocknen der Felle. Vom Marktplatz erreichen wir auch die **Martinskirche**, die mit einem reichhaltigen geschmückten Chorgestühl aufwarten kann. Die zahlreichen fein geschnitzten Figuren zeigen Gestalten aus der griechischen Mythologie, aus der Bibel und aus der Kirchengeschichte. Ein Besuch der **Stadtmauer**, die noch fast die ganze Altstadt umfasst, rundet die Besichtigung ab. Durch die vielen Grünanlagen lässt sie sich von Tor zu Tor verfolgen. Das schönste Stück findet man hinter dem Marktplatz am Zollerngarten.

Das Memminger Rathaus wurde im Stil der Renaissance um 1590 erbaut.

Buxheim
Kartause
5 km

Memmingen
Stadtmauer, Marktplatz, Rathaus, Siebendächerhaus
13,5 km

Durch Memmingen fließt ein Stadtbach.

Die doppeltürmige Klosterkirche von Ottobeuren ist ein Gesamtkunstwerk des Barock.

Ottobeuren
Kloster, Festsaal
24,3 km

Legau
Wallfahrtskirche, Illersteg
18,8 km

Leutkirch
Rathaus, Schloss Zeil
17 km

ÜBER OTTOBEUREN INS SCHÖNE ALLGÄU

Wer länger in Memmingen bleiben möchte und sein Fahrrad dabeihat, kann zu herrlichen Touren aufbrechen. Sowohl nach Buxheim wie nach Ottobeuren führen schöne Strecken, bei denen man gleich das Allgäu etwas kennenlernen kann. Aber auch mit unserem Haus auf Rädern können wir **Ottobeuren** und sein Kloster in einer kurzen Fahrt ansteuern. Einen größeren Parkplatz finden wir auf der Westseite der Benediktinerabtei.

Die den beiden Heiligen Alexander von Rom und Theodor Tiro geweihte **Klosterkirche** ist nicht zu übersehen. Das Kloster selbst blickt auf eine lange Geschichte zurück. Es wurde bereits 764 durch Silach, einen alemannischen Adligen, gegründet und 972 von Kaiser Otto I. zur Reichsabtei erhoben. Die barocke Klosterkirche, die unter anderem von Johann Michael Fischer erbaut wurde, ist überaus prunkvoll mit Stuck und Fresken ausgestattet. Mit dem Besuch des **Klostermuseums** (Wiedereröffnung Juli 2022) lassen sich der prachtvolle **Kaisersaal** und die **Bibliothek** besichtigen. Wer nach so viel Kunst Hunger verspürt, steigt zum Marktplatz hinunter. Dort gibt es Cafés und Gasthäuser, wobei der Gasthof zum Mohren zu empfehlen ist.

Im Schaugarten am Schloss Grönenbach

Am Iller-Erlebnissteg bei Legau

Ottobeuren verlassen wir auf der Sebastian-Kneipp-Straße und fahren nach Süden. Über Leupolz und Karlins kurven wir schließlich nach Wolfertschwenden hinab, queren die A7 und erreichen **Bad Grönenbach** mit seiner Burg und dem wunderschönen Kreislehrgarten, der direkt daneben angelegt wurde. Weiter nach Westen sind wir wieder an der Iller, die wir queren, um nach **Legau** zu kommen. Gleich am Ortseingang liegt die kleine Wallfahrtskirche Maria Schnee. In Legau hat die bekannte Naturkostfirma Rapunzel ihren Sitz, wo wir uns mit hochwertigen Bioprodukten direkt vom Hersteller für die Weiterfahrt eindecken können. Wer gern für eine Nacht bleiben möchte, findet etwas südlich von Legau einen wunderschönen, klitzekleinen Stellplatz auf dem Bauernhof – ein absoluter Geheimtipp (Kimratshoferstr. 26, GPS: 47.847144, 10.136760). Dieser lohnt sich vor allem für diejenigen, die z. B. mit dem Fahrrad noch mehr erkunden möchten.

Von Legau geht es nach Süden, und langsam rücken die Berge näher. Wir kommen nach Kimratshofen, wo wir unsere Fahrt rechts nach Leutkirch fortsetzen und dabei die Grenze zu Baden-Württemberg passieren. Die kleine **Altstadt von Leutkirch** rund um die Marktstraße und den Gänsbühl mit seinem Brunnen ist nicht groß, aber sehr nett. Das Rathaus besitzt einen barocken Ratssaal und die Kirche St. Martin ein gotisches Kreuzrippengewölbe. Darin ist vor allem die Figur der Anna selbdritt, die wohl aus der Werkstatt von Ivo Strigel um 1460

AUSFLUG

RADTOUR NACH ILLERBEUREN

Ein toller Radausflug startet in Legau. Man radelt über die Wallfahrtskirche Maria Steinbach, die in feinstem Rokoko ausgestattet ist, in das an der Iller gelegene Schwäbische Bauernhofmuseum Illerbeuren (bauernhofmuseum.de). Dort locken nicht nur die liebevoll restaurierten Höfe und das Landleben, sondern auch der Gromerhof zu einer Einkehr. Entlang der Iller geht es dann zurück, wobei wir auch noch die Hängebrücke mit dem Aussichtsturm am Illersteg besuchen können. Das Freilichtmuseum und die Wallfahrtskirche lassen sich natürlich auch mit dem Wohnmobil ansteuern.

ROUTE 1

Rund um den Lindauer Hafen herrscht mediterraner Trubel, stets mit Blick auf das Wasser.

Isny
Stadtmauer, Schloss, Kurpark
B12
37 km
Ziel

stammt, wertvoll. Für Freizeit und Erholung sorgt der Stadtweiher mit seinem Freibad.

Wir verlassen Leutkirch auf der Isnyer Straße in südliche Richtung. Wer Hunger hat, kann in Haselburg direkt an der Strecke im **Rössle Haselburg** einkehren. Die herrliche Wirtschaft erfreut mit regionaler Küche und großem Gastgarten. Alternativ ist der historische **Dorfgasthof Hirsch** im nahen Urlau neben der Kirche nicht weit. Vorbei an Rimpach und seinem hübschen Schloss sind wir kurz darauf in Isny.

Isny ist nicht groß, besitzt aber eine herrlich autofreie Marktstraße.

MALERISCHES ISNY

Vielen Wohnmobilfahrern ist Isny durch die Firma Dethleffs bekannt, die Caravans, Wohnmobile und Anhänger fertigt. Vor allem aber besitzt Isny eine malerische **Altstadt** mit langer Geschichte. Die einst freie Reichsstadt liegt an einem Handelsknotenpunkt, und so konnten die Leinenweber, die es im Allgäu zahlreich gab, ihre Waren gut nach ganz Europa schicken. Die wichtige Straßenkreuzung gibt es immer noch, auch wenn sie sich in eine Fußgängerzone gewandelt hat. Rund um Isny hat sich die **Stadtmauer mit ihren Wehrtürmen** gut erhalten, vom Kurgarten mit dem Teich haben wir einen guten Blick. Am höchsten Punkt der Stadt steht das **Schloss Isny**, das auf ein ehemaliges Benediktinerkloster zurückgeht und heute ein Museum ist. Daneben befindet sich die katholische Kirche **St. Georg und Jako-**

bus, etwas tiefer davon die evangelische **Nikolaikirche**. Dort kann man die kostbare Prädikantenbibliothek mit vielen alten Handschriften und Büchern besichtigen. Wer Isny auf der Maierhöfener Straße verlässt, kann sich am Ortsrand in der **Käsküche** mit regionalen Allgäuer Käsespezialitäten eindecken.

ABWÄRTS ZUM BODENSEE

Wir fahren von Isny auf die große B12 nach Westen. Ab Stockenweiler erhaschen wir schon einen Blick auf den Bodensee. Im Frühling verwandelt sich die Landschaft hier in ein einziges Blütenmeer. Apfelhaine und Streuobstwiesen leuchten dann weiß mit den schneebedeckten Bergspitzen um die Wette. Da lohnt es sich, die Schnellstraße zu verlassen, um z. B. bei **Hergensweiler** am ehemaligen Bahnhof zu parken und einen Spaziergang hinauf zur **Aussichtskapelle** am Antoniushügel zu starten. Perfekt, um sich die Beine zu vertreten, und landschaftlich ein großer Genuss.

Eine alternative Aussichtskapelle gibt es, wenn wir die A96 überquert haben und uns bereits Lindau nähern. Bei **Weißenberg** spaziert man vom Parkplatz an der Martinskirche in wenigen Minuten hinauf zum südlich davon gelegenen **Hügel mit der Kapelle**. Dort genießen wir die Sicht über den Bodensee auf die nahen Schweizer Berge, bevor wir endgültig hinab nach Lindau (siehe Tour 2) rollen.

In Oberreitnau kurz vor Lindau hat der Frühling Einzug gehalten.

PRAKTISCHE HINWEISE

TOURISTINFORMATIONEN

Touristinformation Ulm/Neu-Ulm
Münsterplatz 50, 89073 Ulm,
Tel. 0731/161 28 30, tourismus.ulm.de

Touristinformation Illertissen
Hauptstr. 4, 89257 Illertissen,
Tel. 07303/17 20, illertissen.de

Touristinformation Memmingen
Marktplatz 3, 87700 Memmingen,
Tel. 08331/85 01 73, memmingen.de

Touristinformation Isny
Marktplatz 2, 88316 Isny im Allgäu,
Tel. 07562/999 90 50, isny.de

CAMPING- UND STELLPLÄTZE

S100 **Wohnmobilstellplatz Donaubad Neu-Ulm** (S. 166/B2)
Öschweg 6, 89231 Ulm,
Tel. 0731/985 99 20
GPS: 48.383468, 9.986248
Ein schöner Stellplatz, Ver- und Entsorgungseinrichtung sowie Stromsäulen vorhanden. Ganzjährig nutzbar, benachbart im Sommer ein Freibad und ganzjährig ein Hallenbad – dafür gibt es Vergünstigungen. Biergarten und Restaurant in der Nähe, zu Fuß entlang der Donau ca. 15 Minuten ins Zentrum.

C 101 **Campingplatz Illertissen** (S. 166/B2)
Dietenheimer Str. 91, 89257 Illertissen,
Tel. 07303/78 88, camping-illertissen.de
GPS: 48.21228, 10.08740
Stiller Platz direkt an der Iller, perfekt, um einen Tag auszuspannen, ganz in der Nähe das Freizeitbad Nautilla.

S 102 **Wohnmobilstellplatz Memmingen** (S. 166/B3), Colmarer Str.,
87700 Memmingen, Tel. 08331/85 01 72
GPS: 47.995415, 10.182434
Ein kleiner Stellplatz mit allen nötigen Ver- und Entsorgungseinrichtungen. Geschäfte in unmittelbarer Umgebung. Etwa 15 Minuten spaziert man durch das ehemalige Landesgartenschaugelände ins Zentrum.

S 103 **Wohnmobilstellplatz Untere Mühle** (S. 166/B5), Seidenstr. 41,
88316 Isny im Allgäu,
Tel. 07562/999 90 50
GPS: 47.69455, 10.03766
Ein ruhiger Stellplatz am Kurpark, ganz in der Nähe der Stadtmauer von Isny gelegen. Sind alle Plätze belegt, kann man auf den Stellplatz am Wohnmobilwerk Dethleffs in der Alamannenstraße ausweichen.

C 104 **Waldbad Camping Isny** (S. 166/B5)
Lohbauerstr. 59–69, 88316 Isny im Allgäu,
Tel. 07562/23 89, camping-isny.de
GPS: 47.67846, 10.03116
Die Campinganlagen liegen südlich von Isny und sind um den naturbelassenen Federholzweiher gruppiert, der für seine angenehm hohen Wassertemperaturen berühmt ist. Ins Zentrum von Isny fährt man am besten mit dem Fahrrad in gut 10 Minuten.

Direkt an der Stadtmauer und am kleinen See im Kurpark nächtigt man im Reisemobil in Isny.

2 DIE »ONCE IN A LIFETIME«-STRECKE: ENTLANG DER DEUTSCHEN ALPENSTRASSE

Von Lindau nach Bad Reichenhall

Entlang der ältesten Ferienstraße Deutschlands, der Deutschen Alpenstraße, locken einige der schönsten Landstriche Bayerns. Am Fuß der Berge fahren wir durch das ursprüngliche Allgäu und das hügelige Voralpenland Oberbayerns. Zum krönenden Abschluss geht es ins Chiemgau und ins Berchtesgadener Land – Traumgegenden, die allein schon einen Urlaub wert sind. Kurvige Straßen, herrliche Aussichten, unzählige Badeseen, attraktive Städte und Dörfer sowie faszinierende Sehenswürdigkeiten wie die Königsschlösser von Ludwig II. liegen auf dieser langen Route. Definitiv eine der großen Panoramastrecken, die man einmal im Leben gefahren sein sollte.

Bayerns einziger Leuchtturm bewacht, gemeinsam mit dem bayerischen Löwen, die Lindauer Hafeneinfahrt.

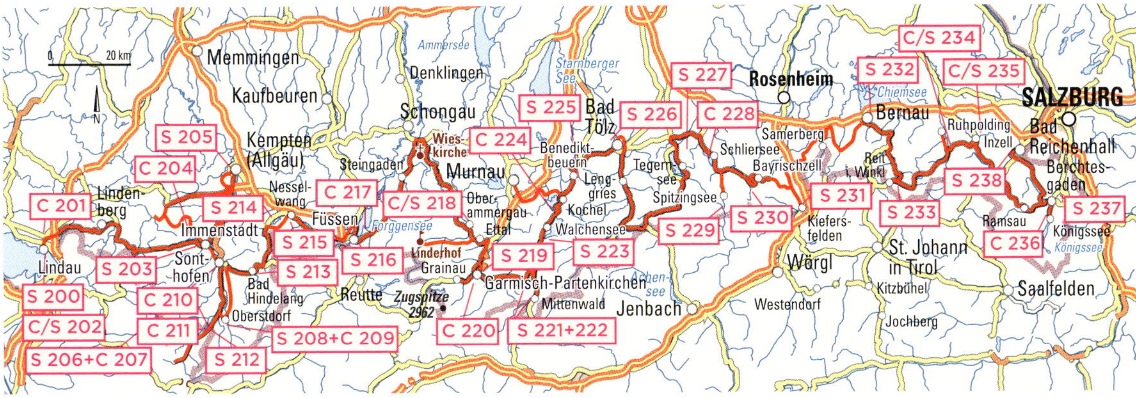

CHARMANTES LINDAU

Bevor wir uns auf die Strecke begeben, besuchen wir unbedingt Lindau. Mitten im Dreiländereck unweit von Österreich und der Schweiz, gehört die Stadt zu Bayern. Sie liegt auf einer **Halbinsel** und ragt in den Bodensee hinein. Die Altstadt rund um Maximilianstraße und Ludwigstraße ist von zahlreichen historischen Bauten geprägt. Egal, um welche Ecke man biegt, immer stößt man auf malerische Winkel und Gassen.

Einige Highlights darf man auf keinen Fall versäumen. Zum einen das freskengeschmückte **Alte Rathaus**, das schon 1422, in der Zeit der Gotik, erbaut wurde. Sein heutiges Renaissancegesicht bekam es etwa 150 Jahre später, als die Gotik nicht mehr dem Repräsentationsstil der Stadt entsprach. Südlich davon befindet sich der **Lindaviabrunnen**. Bedeutend ist auch das **Münster Unserer Lieben Frau**, dessen Entstehung bis um 800 zurückreicht und heute durch seine barocke Ausstattung fasziniert. Natürlich gehört der **Lindauer Hafen** ebenfalls zum Besichtigungsprogramm. Seine Einfahrt zieren der Bayerische Löwe sowie Bayerns einziger **Leuchtturm**. Auf ihn kann man steigen, um einen herrlichen Blick auf die Stadt zu bekommen.

ROUTE 2

START- UND ENDPUNKT
Lindau und Bad Reichenhall

STRECKEN
überwiegend Landstraßen mit einigen Kurven und Pässen

STRECKENLÄNGE
ca. 600 Kilometer

FAHRZEIT
mindestens 12 Tage

BESTE JAHRESZEIT
April bis Oktober

Start
Lindau
Halbinsel, Hafen, Bodensee, Rathaus, Lindaviabrunnen, Leuchtturm
B31
B308
17,5 km

Das freskengeschmückte Lindauer Rathaus

Dann nehmen wir Abschied von Lindau, und los geht die Reise auf der Alpenstraße.

Scheidegg
Wasserfälle, Skywalk
B308
20,2 km

Oberstaufen
Altstadt, Schrothkur, Berge, Heimatmuseum, Kurpark
B308
17,2 km

Rund um das Hafenbecken und den Mangturm gibt es viele Cafés und Restaurants, und so herrscht stets lebendiges Treiben. Mit bester Aussicht auf den glitzernden Bodensee und die nahen Berge fühlt man sich schnell wie im Kurzurlaub an einem norditalienischen See. Wer will, schippert von Lindau aus mit den Ausflugsschiffen über das Wasser ins nahe Bregenz oder zur Rheinmündung. Zum Schwimmen gut geeignet sind das Lindenhofbad oder das Strandbad Eichwald neben der nigelnagelneuen **Therme Lindau** (therme-lindau.com). Einen ganz besonderen Charme strahlt das **Aeschacher Bad** aus, eines der alten historischen Badehäuser, die auf Stelzen im Bodensee stehen.

WILDER ROHRACHANSTIEG NACH OBERSTAUFEN

Nach der Lindauer Stadtbesichtigung geht es nun los und zur Einstimmung gleich richtig zur Sache. Kaum haben wir das Stadtgebiet über die B12 und B31 verlassen, biegen wir auf die B308, die Deutsche Alpenstraße, ein. Keine 15 Kilometer später windet sich unsere Straße über viele Kehren und mit gut neun Prozent Steigung über den sogenannten Rohrachanstieg 400 Höhenmeter aufwärts. Gut, dass wir eine Servolenkung haben. Vorbei an den Wanderparkplätzen zu den sehenswerten **Scheidegger Wasserfällen**, erreichen wir den Kreisverkehr. Rechts lohnt sich ein Abstecher nach Scheidegg, einem der sonnenreichsten Orte in Deutschland. Spannend ist der **Allgäuer Skywalk** (skywalk-allgaeu.de), ein unterhaltsamer und barrierefreier Baumwipfelpfad, von dem man beste Aussichten auf die Allgäuer Berge genießt.

AUSFLUG

AUF DEM BODENSEE-RADWEG

Mit dem Fahrrad kann man ein Stück des Bodensee-Radwegs erkunden. Nach Norden zieren prächtige Villen und so manches Schlösschen die Strecke, es geht durch Apfelplantagen nach Wasserburg und gern noch weiter über Nonnenhorn nach Kressbronn, bevor man umdreht und mit schönstem Blick auf den Pfänder zurückradelt. Genauso schön ist aber auch eine Fahrt in südliche Richtung, grenzüberschreitend bis in die Vorarlberger Hauptstadt Bregenz. Bekannt ist Bregenz für die sommerliche Seebühne mit den gigantischen Opernaufführungen sowie die Pfänderbahn, die uns bequem zu einem der schönsten Aussichtsplätze über den See bringt.

Spektakulär ist der Allgäuer Skywalk in Scheidegg.

Links geht es weiter nach **Lindenberg**, einst ein Städtchen mit einer bedeutenden Hutindustrie, die um 1890 ganz Europa mit Strohhüten belieferte. Davon erzählt heute das **Hutmuseum** (deutsches-hutmuseum.de) in der Hauptstraße. Wer mitten durch Lindenberg fährt, weicht dadurch kurz von der Alpenstraße ab und kommt über Großholz nach Riedhirsch. Alle, die Hunger und Durst verspüren und in den Genuss von hervorragender heimischer Küche kommen möchten, biegen links mit einem Abstecher über Heimenkirch zur **Meckatzer Brauerei** im gleichnamigen Ort ab. Das Bier ist mehr als süffig, zum Glück gibt es auch Alkoholfreies, und im angeschlossenen Gasthaus bleiben keine Wünsche offen. Ansonsten geht es rechts und bald wieder auf die B308, die uns nun mit gigantischen Ausblicken auf die Allgäuer und Vorarlberger Berge sowie zum Schweizer Säntis-Massiv über die Haarnadelkurve »Paradies« nach Oberstaufen führt.

MEHR ALS GUTE LUFT

Oberstaufen ist einer der wenigen Orte im Allgäu, die ihren Ursprung nicht auf römische Zeit zurückführen können. Denn die Via Decia, die römische Militärstraße, umging auf der Salmaser Höhe die Stelle, wo sich der 868 erstmals als »Stoufan« erwähnte Ort befindet. Eine Burg der Stauferkaiser lässt sich dort ab dem Jahr 1311 belegen, und kurz darauf wurde neben der Burg ein Kollegiatstift gegründet. Doch das Auf und Ab des Geschichtslaufes ging auch an Oberstaufen nicht vorüber. Vor allem nach dem allgemei-

Das Lindenberger Hutmuseum ist in einem ehemaligen Fabriksgebäude untergebracht.

Sommerlicher Blumenschmuck in Oberstaufen

nen Niedergang im Dreißigjährigen Krieg versuchten die Oberstaufener, wieder auf die Beine zu kommen; zwei Feuersbrünste, die im Abstand von hundert Jahren jeweils die ganze Ortschaft vernichteten, machten jedoch alle Bemühungen zunichte. Oberstaufen blieb lange ein armes Dorf abseits der großen Straßen. Erst 1853 wurde die Bahnstrecke Immenstadt–Lindau eröffnet und es kam zur Wende in der wirtschaftlichen Entwicklung. Oberstaufen entwickelte sich zu einem Fremdenverkehrsort und erhielt bereits 1918 den wichtigen Titel »Luftkurort«.

Es macht Spaß, durch Oberstaufen zu schlendern und vielleicht einen Cappuccino im Blauen Haus im Freibadweg, einem der schönsten Caféhäuser des Ortes, zu trinken. Viele Häuser besitzen die für das Allgäu typische Holzschindelverkleidung. Nördlich der Bahnlinie liegt das kleine **Heimatmuseum** mit dem »Wirtshaus beim Strumpfar«, das einem klitzekleinen Freilichtmuseum gleicht. Auch ein Abstecher in den wenige Kilometer nördlich gelegenen Weiler Zell ist sehr zu empfehlen. Mit der dortigen **St.-Bartholomäus-Kirche** besitzt Oberstau-

SPECIAL

SCHROTHKURORT OBERSTAUFEN

Wahrscheinlich wäre Oberstaufen ein Kurort mit guter Luft geblieben, wie es viele gibt, wenn nicht 1947 Dr. Brosig als Heimatvertriebener in den Ort gekommen wäre. Der Arzt hatte in seiner schlesischen Heimat in den Schroth'schen Heilanstalten gearbeitet. Dort wurde eine Kur praktiziert, die auf Johann Schroth zurückgeht, der durch Naturbeobachtung und Selbstversuche eine Heilmethode erfand, die ihrer Zeit weit voraus war. Die Kur besteht aus vier Teilen. Durch kalte Tuchpackungen werden Kreislauf und Stoffwechsel der Patienten angeregt. Dazu kommt ein Wechsel von sogenannten Trockentagen und Trinktagen, an denen neben Wasser trockener Kurwein getrunken werden darf. Eine spezielle Diät ohne Fett, Eiweiß und Salz unterstützt die Entschlackung und bringt erheblichen Gewichtsverlust. Die vierte Säule bilden Ruhe und Bewegung. Der damalige Bürgermeister Wucherer förderte Brosigs Idee, einen Schrothkurbetrieb aufzubauen. Bis heute ist Oberstaufen ein bedeutender Schrothkurort.

Am Ufer des Großen Alpsees finden wir viele lauschige Plätze.

fen einen besonderen Kunstschatz. Die Innenwände der Apsis sind mit Fresken aus dem späten 15. Jahrhundert bedeckt. Drei gotische Altäre bester Qualität zeugen von der hoch entwickelten Schnitzkunst dieser Zeit (Achtung – wenige Parkplätze und enge Straßen an der Kirche!). Daneben gilt Oberstaufen auch als Tor in den **Naturpark Nagelfluhkette** und eignet sich hervorragend als Ausgangspunkt für Wanderungen. Die nahen **Buchenegger Wasserfälle** etwa, zu denen eine dreistündige Wanderung südlich des Oberstaufener Bahnhofs startet, gehören zu den schönsten Wasserfällen im Allgäu. Die **Imbergbahn** bei Steibis befördert weniger stark konditionierte Wanderer auf den Berg, ebenso die **Hündlebahn**. Dort ist vor allem für Familien mit Kindern die rasante Sommerrodelbahn interessant.

ERHOLUNG PUR: GROSSER ALPSEE

Ein landschaftlich reizvoller Abschnitt liegt nun vor uns. Wir fahren von Oberstaufen um den auffälligen Hügel Staufen herum, auf dem einst die Burg stand, dann geht es durch das Tal der Konstanzer Ach, die wenig später in den Großen Alpsee mündet. Der See ist ein bekanntes Naherholungszentrum. Breite Strandabschnitte laden zum Baden und Verweilen ein, die perfekte optische Kulisse der umliegenden Berge erhält man gratis dazu. An der Seepromenade gibt es neben dem Musikpavillon Tretboote zu leihen, Minigolf und Strandcafés. Ein langer Steg ragt ins Wasser, es gibt einen Hochseilgarten und das **AlpSeehaus**, ein Informationszentrum zum Naturpark Nagelfluhkette.

Etwas erhöht thronen auf dem **Bühl** die kleine St. Stephan-Kirche und die Loretokapelle. Die beiden Kirchen sind durch Treppen verbunden. Im kühlen und dunklen Untergeschoss von St. Stephan befindet sich eine Heilig-Grab-Kirche. Alternativ zur Kunst strecken wir die Beine ins Wasser des Alpsees, genießen die Natur und tun einfach mal nichts. Denn bis zum Endziel der heutigen Etappe ist es nur ein Katzensprung. Wenige Kilometer später erreichen wir schon Immenstadt und den Stellplatz an der Konstanzer Ach.

GESCHICHTSTRÄCHTIGES IMMENSTADT

1269 wurde der Ort als »Ymmendorf« zum ersten Mal urkundlich erwähnt. Man nimmt an, dass die Gegend viel früher besiedelt

Am Marienplatz in Immenstadt

war, denn schon zu Römerzeiten führte die Militärstraße Via Decia am heutigen Immenstadt vorbei. 1360 wird aus Ymmendorf Immenstadt, denn Kaiser Karl IV. erhebt es auf Antrag der Grafen von Montfort, der Grundherren des Ortes, zur Stadt. Die **Burg Rothenfels**, von der heute nur noch Grundmauern zu finden sind, wurde Sitz des gräflichen Pflegers. Zur echten Blüte kam der Ort durch den lebhaften Salzhandel ab Mitte des 16. Jahrhunderts, als er nämlich zum Hauptumschlagplatz der Salztransporte von Hall im Tiroler Inntal an den Bodensee wurde. Nach dem wirtschaftlichen Niedergang im Dreißigjährigen Krieg konnte sich die Stadt nur langsam erholen, wenn sie auch im 18. Jahrhundert zum Zentrum des Allgäuer Leinenwebergewerbes aufstieg. Als der weitsichtige Carl Hirnbein rechtzeitig die Probleme der niedergehenden Leinenweberei erkannte, stellte man frühzeitig auf die zukunftsträchtigere Milchwirtschaft um. Heute lebt der Ort von einer recht maßvoll arbeitenden Industrie, von Handel und Handwerk, aber auch ganz wesentlich vom Tourismus.

Mit der Mittagbahn erreicht man leichte Gipfelziele in den Allgäuer Bergen.

Die mustergültig sanierte Innenstadt rund um das **Schloss** und den **Marktplatz** trägt viel zu dem freundlich-fröhlichen Eindruck bei, den der Ort vermittelt. Die **Pfarrkirche St. Nikolaus** ist ein Kind des frühen 20. Jahrhunderts. Innerhalb von nicht ganz 100 Jahren hatte sich die Einwohnerzahl der

Am Kemptner Residenzplatz mit der Basilika St. Lorenz

Stadt vervierfacht, und so baute man in dem damals modernen Stil des Neubarocks eine erweiterte Kirche. Die Einrichtung hingegen wurde aus der alten Barockkirche übernommen. Im Chor stehen die wohl wertvollsten Schnitzwerke der Stadt: eine ausgezeichnete Muttergottes mit dem Jesuskind, vermutlich aus der Werkstatt des Memminger Schnitzers Ivo Strigel, und die beiden Pestheiligen Sebastian und Rochus, die alle Neuerungen überstanden haben.

Die Umgebung von Immenstadt bietet neben weiteren Kunstschätzen viele schöne **Wanderziele**, sodass es sich durchaus lohnt, die Weiterfahrt für einen Tag zu unterbrechen. Die **Mittagbahn** lockt auf den Berg zu einigen der schönsten Almen, die man im Allgäu übrigens Alp nennt. Die Alpe Oberberg und die Alpe Vorderkrumbach sind definitiv eine Bergfahrt und eine kleine Wanderung wert. Wer nicht so hoch hinauf möchte, findet Ziele entlang der Iller oder nach Norden auf die Hügelkette. Interessant ist außerdem das nahe **Allgäuer Bergbauernmuseum** (bergbauernmuseum.de) in Diepolz bei Immenstadt.

ABSTECHER NACH KEMPTEN

Die Deutsche Alpenstraße führt von Immenstadt geradewegs weiter nach Osten, lässt aber zwei tolle Allgäuer Ecken aus, die wir nicht verpassen wollen. Und so fahren wir auf der kleineren Landstraße oder auf der großen Schnellstraße B 19 rasch nach Kempten, in Allgäus Hauptstadt. Auf dem Weg dorthin entpuppt sich der **Niedersonthofener See** als wahres Naturidyll. Der See ist ein Relikt der Eiszeit. Auf einem Wanderweg oder auch mit dem Fahrrad lässt er sich ohne große Anstrengung umrunden, damit wir seine landschaftlichen Reize voll auskosten können. An immerhin vier Badeplätzen können wir dabei in der warmen Jahreszeit schwimmen gehen.

In **Kempten** angekommen, ist der Stell- und Parkplatz am Illerstadion ideal. Über den Illersteg ist man in wenigen Minuten zu Fuß in der Altstadt.

Etwas augenzwinkernd ist Kempten die »Metropole des Allgäus«. Ein bisschen übertrieben, aber mit gut 70 000 Einwohnern ist die Stadt die größte im Allgäu und punktet

Immenstadt
Großer Alpsee, Burg Rothenfels, Mittagbahn, Bergbauernmuseum
B19
22,5 km

Kempten
Campodunum, St. Mang, St. Lorenz, Residenz
B12
52,3 km

Wanderung in den Eistobel

noch dazu mit 2000 Jahren dokumentierter Geschichte, denn schon die Römer sicherten sich mit dem **Cambodunum** genannten Ort die Herrschaft in diesem Gebiet. Zur Stadtbesichtigung folgen wir auf der anderen Seite der Iller ihrem Ufer flussauf zur evangelischen **Kirche St. Mang**, dem Zentrum der Reformation in der Reichsstadt. Von dem weiten Platz vor der Kirche gehen wir direkt zum malerischen **Rathausplatz** und bewundern den mit Türmchen dekorierten Amtssitz der Stadt. Viele Cafés und Restaurants laden zu einer Pause ein.

Am Rathaus schräg rechts vorbei erreichen wir die barocke Residenz der alten Fürstbischöfe und die daran angebaute ehemalige Bischofskirche, die **Basilika St. Lorenz** am Hildegardplatz. Die Residenz kann man mit Führung besuchen, der Zugang zur Kirche ist tagsüber frei. In ihrem Inneren ist alles im überquellenden Barock ausgeschmückt. Ein besonderes Augenmerk sollte man auf das Chorgestühl werfen. Es birgt jede Menge netter bildhafter Kleinigkeiten wie die »schuhplattelnde« Putte. Jeden Mittwoch und Samstag ist Wochenmarkt auf dem Hildegardplatz. Dann herrscht bis Mittag geschäftiges Treiben, eine wahre Augenweide und natürlich auch eine Schmankerlmeile, denn an den Imbissständen gibt es einige regionale Leckereien wie Kässpatzn und mehr. Wer noch Zeit hat, setzt sich in den **Hofgarten** an der Nordseite der Residenz, eine ausgleichende Oase der Ruhe. Nicht vergessen dürfen wir die römischen Wurzeln der Stadt. Den **Park Cambodunum** erreichen wir schließlich über den Illerdamm auf der Ostseite des Flusses. Er liegt leicht erhöht auf dem Lindenberg in einem weitläufigen Gelände.

RUNDE ÜBER DEN EISTOBEL

Nach der Besichtigung Kemptens könnten wir auf der B19 direkt zurück nach Süden fahren. Zur Abwechslung ist es aber schön, den Hauchenberg zu umrunden und das obere Allgäu etwas kennenzulernen. So geht es von Kempten auf der B12 flott nach Westen. In Weitnau fahren wir von der B12 ab. **Weitnau** lockt mit einer Wanderung über das Sonneneck zur **Burgruine Alttrauchburg**, für die man keine drei Stunden benötigt. Weiter geht es nach Sibratshofen. Dort

Von Missen-Wilhams steigt man auf den Hauchenberg.

geradeaus, fahren wir zum Parkplatz für den Einstieg in den **Eistobel** weiter. Zu der Schlucht, die zu den schönsten Geotopen im Allgäu zählt, führt eine zweistündige Wanderung. Geparkt wird am Wanderparkplatz vor dem Sägewerk am Schüttentobel.

Nach diesem Ausflug fahren wir mit dem Wohnmobil zurück zur Abzweigung nach Sibratshofen, und weiter geht es nun nach **Missen-Wilhams**, dem Geburtsort von Carl Hirnbein. Ihm zu Ehren wurde ein interessanter Kulturwanderweg angelegt. Spannend ist aber auch der Aufstieg zum Aussichtsturm auf dem **Hauchenberg**, der eine herrliche Rundumsicht bietet. Für leibliches Wohl sorgt im Ortsteil Missen der **Brauereigasthof Schäfler**, der eine hervorragende Küche nebst selbst gebrautem Bier bietet. Von dort könnte man auf sehr kleinen Straßen noch **Diepolz** und sein Freilichtmuseum bzw. die dortige Sennerei besuchen, um sich mit regionalen Käseprodukten einzudecken, bevor man über Zaumberg und den Großen Alpsee wieder nach Immenstadt gelangt.

SPECIAL

DER VISIONÄR CARL HIRNBEIN

Im Allgäu hatte sich neben der Landwirtschaft der Flachsanbau entwickelt. Doch mit der Erfindung des mechanischen Webstuhls, auf dem Baumwolle verarbeitet wurde, war Leinen nicht mehr gefragt, und für die Allgäuer Flachsbauern war um 1842 der Markt völlig zusammengebrochen. Eigentlich hätten nun Notzeiten ausbrechen müssen, wie sie vom Weberaufstand 1844 in Schlesien bekannt sind. Doch der 1807 in Wilhams geborene Carl Hirnbein hatte rechtzeitig neue Ideen gehabt. Er stellte seinen Hof komplett auf Milchwirtschaft um und ließ die Milch zu Käse verarbeiten. Dafür engagierte er Käsemeister aus der Schweiz und aus Holland. Bald wurde der Allgäuer Käse in ganz Europa verkauft. Weitere Bauern folgten seinem Vorbild, und innerhalb von 50 Jahren hatte sich das »flachsblaue Allgäu« der Leinenhersteller in das »grüne Allgäu« der Milchbauern verwandelt. Auch den Tourismus hat Hirnbein entscheidend beeinflusst: Bereits 1851 baute er am Grünten ein Hotel – es steht heute noch.

Allgäu Runde

Weitnau, Eistobel, Hauchenberg, Diepholz
B12
9 km

Sonthofen im Illertal

VON IMMENSTADT NACH SÜDEN

Für einen weiteren Abstecher geht es von Immenstadt nach Süden, um Oberstdorf und das Kleinwalsertal zu besuchen. Ohne die Schnellstraße zu benutzen, verlassen wir Immenstadt auf der B308 und kommen nach **Sonthofen**. Das kleine quirlige Städtchen lohnt sich vor allem zum Einkaufen, aber auch einige Wanderungen sind sehr reizvoll, etwa die wildromantische Tour in die Starzlachklamm. Sonthofen eignet sich zudem hervorragend als Startplatz für diverse Radtouren. So kann man mit E-Bikes ohne Anstrengung den Sonthofener Hausberg, den **Grünten**, umrunden. Mit deutlich weniger Höhenmetern entpuppt sich die Fahrradtour auf dem **Illerradweg** nach Oberstdorf als eine gute Methode, die südlichste Gemeinde des Allgäus zu besuchen.

Um mit dem Wohnmobil nach Oberstdorf zu kommen, verlassen wir die Alpenstraße, die von Sonthofen direkt nach Bad Hindelang weiterführen würde. Stattdessen rollen wir über die landschaftlich sehr reizvoll geführte B19 nach Oberstdorf. Im Hintergrund begrüßt uns die großartige Kulisse mit der gewaltigen Riege der Allgäuer Hochalpen: Nebelhorn, Rubihorn, Trettachspitze, Mädelegabel und Großer Daumen.

DAS BERGDORF OBERSTDORF

Man vermutet, dass bereits im Mittelalter im obersten Illertal, wo Trettach, Stillach und Breitach zusammenfließen, eine Siedlung entstand, die zunächst nur das »oberste Dorf« genannt wurde. Daraus entwickelte sich im Laufe der Jahrhunderte das wohlbekannte Oberstdorf. Bis zur Säkularisation war der Ort, der schon 1495 das Marktrecht erhalten hatte, unter der Herrschaft der Augsburger Bischöfe.

Ganz zaghaft begann im 19. Jahrhundert der Fremdenverkehr zu wachsen. In einem Reiseführer von 1856 wird erwähnt, dass 30 Häuser in Oberstdorf Fremde beherbergen könnten. Das waren immerhin etwa zehn Prozent aller Anwesen! Für Lungenkranke wurde damals der Ort besonders empfohlen, wenn auch die gute Luft sicher mehr zur Heilung beigetragen hat als die von den Kurärzten verordnete Ziegenmilch. Im Mai 1865 zerstörte ein Brand die Hälfte der Oberstdor-

fer Häuser, fast alle Kirchen mit ihren Kunstschätzen fielen den Flammen zum Opfer.

1888 wurde Oberstdorf an das bayerische Bahnnetz angeschlossen, und der Tourismus überholte allmählich die Landwirtschaft als Einnahmequelle. Das war in der Zeit, als der Alpenverein seine Hütten baute, um die Berge zu »erschließen«. So wurde 1890 das **Edmund-Probst-Haus** am **Nebelhorn** eröffnet. Man brauchte es als Stützpunkt, um auf die Gipfel der Umgebung von Oberstdorf zu steigen. Eine bequeme Bahn, wie sie heute existiert, gab es damals aber noch nicht. Bis heute lebt das Dorf gut von den zahlreichen Gästen, die mittlerweile das ganze Jahr über anreisen, denn auch an Wintersportmöglichkeiten mangelt es nicht. Dabei haben die Oberstdorfer die Waage zwischen Tradition und modernem Freizeitleben gut im Griff. Altes Brauchtum, Tracht oder der Dialekt werden immer noch als selbstverständlich angesehen. So profitieren die Besucher von den vielen Annehmlichkeiten der Gegend.

Alpe Eschbach im Stillachtal bei Oberstdorf

SPECIAL

AKTIV IN OBERSTDORF

Eine Fahrt auf das Nebelhorn ist einer der Höhepunkte in Oberstdorf. Herrlich sind auch Wanderungen oder Radtouren. Vor allem mit dem E-Bike erreicht man die Seitentäler – Oytal, Dietersbachtal, Trettachtal oder Stillachtal – leicht. In Letzterem verführt die Fellhornbahn zu einem wunderbaren und leicht erreichbaren Gipfelziel. Absolut unvergesslich und für Jung und Alt bestens geeignet ist eine Wanderung von Oberstdorf nach Gerstruben (15 Kilometer, 350 Höhenmeter). Der kleine Weiler Gerstruben ist eine Gründung der Walser, einer Bevölkerungsgruppe, die aus dem Wallis hierher ausgewandert ist. Sie haben sich vom Ackerbau und von der Viehzucht ernährt, darauf weist schon der Name hin, denn die Gerste war damals die ertragreichste Ackerfrucht. Wunderschön anzusehen sind die aus massiven Balken gezimmerten Bauernhöfe. Wer Hunger und Durst hat, kehrt in der Bergwirtschaft bei der Familie Dodier ein. Ihre Wildgerichte aus der Gerstrubener Jagd sind weit bekannt.

Links: Am Walmendinger Horn sind wir mitten in den Allgäuer Hochalpen.

Rechts: Beeindruckende Breitachklamm

SÜDLICHER GEHT NICHT: KLEINWALSERTAL

Da wir schon in der südlichsten Allgäuer Ecke sind, darf eine Fahrt hinüber in das Vorarlberger Kleinwalsertal nicht fehlen. Für die Besichtigung kann man mindestens einen zusätzlichen Tag einplanen. Von Oberstdorf kommend, geht es zunächst wieder ein kleines Stück talauswärts bis zum Kreisverkehr vor der Breitach. Dort halten wir uns links und folgen weiter der B19, die nun wieder in südliche Richtung abzweigt. Vorbei an der **Söllereckbahn** mit einem weiteren reizvollen Wandergebiet geht es kurz darauf über die Grenze nach Österreich. Wer möchte, kann dort das Wohnmobil für eine Wanderung in die berühmte Breitachklamm parken.

Weiter der Bundesstraße folgend, die sich nun »201« nennt, sind wir schnell im Kleinwalsertal angekommen. Aufgereiht liegen vier pittoreske Dörfer im Tal: **Riezlern**, **Hirschegg**, **Mittelberg** und **Baad**. Das Tal ist eine österreichische Enklave, erreichbar nur über die bayerische Seite. Wollten die Bewohner in ihr eigenes Mutterland, ohne eine Grenze zu überschreiten, so wären sie gezwungen, über Bergpässe zu marschieren. Dieser Zustand brachte den Einwohnern lange Zeit erhebliche Probleme. Besonders im Winter waren sie vollkommen von Österreich abgeschnitten. Wirtschaftlich war das über viele Jahrhunderte ein unhaltbarer Zustand. Deshalb entschloss man sich 1891 in einem Ländervertrag, das Kleinwalsertal zu einem Zollausschlussgebiet zu erklären. Seitdem gilt im Tal zwar österreichisches Recht, aber der Warenverkehr über Deutschland war und ist frei.

Heute ist das Tal ein Urlaubsmagnet ersten Ranges. Fast grenzt es an ein Wunder,

AUSFLUG

DURCH DIE WILDE BREITACHKLAMM

Die Breitachklamm ist ein Naturdenkmal, das in seiner Schönheit wohl ziemlich einzigartig ist. Sie liegt zwischen Oberstdorf und Riezlern am Eingang zum Kleinwalsertal. Vom Gasthof Walserschanz, der genau an der Grenze steht, führt ein Weg steil zur Breitach hinunter. Und wer jetzt glaubt, die ersten Meter in der Schlucht seien Dramatik genug, der wird schnell eines Besseren belehrt. Mal gurgelt die Breitach in fast unergründlicher Tiefe, mal schießt sie wild direkt unter dem Weg hindurch. Selbst bei Sonnenschein ist es an einigen Stellen in der Schlucht finster. Eine gute Stunde dauert der Weg durch die Klamm, dann erreicht man das untere Ende.

Von der Oberjochstraße auf Bad Hindelang

dass neben dem Trubel noch stille Landschaft zu finden ist. Auch ist kaum mehr vorstellbar, dass die Walser den größten Teil ihrer Geschichte bitterarm verbringen mussten. Sie waren Klimaflüchtlinge, die Ende des 13. Jahrhunderts aus der Gegend von Goms im Walliser Rhonetal aufgrund kälterer Temperaturen zur Auswanderung gezwungen wurden. Im damals abgelegenen und unbesiedelten Tal bauten sie sich eine neue Heimat auf.

Wer im Kleinwalsertal nächtigen möchte, findet zwei schöne Campingplätze und einen einfachen, aber bezaubernd gelegenen Stellplatz (siehe »Praktische Hinweise« am Ende dieser Tour). Wildes bzw. freies Stehen ist hier verboten.

ÜBER DAS OBERJOCH INS OSTALLGÄU

Aus dem Kleinwalsertal fahren wir zurück nach Sonthofen und folgen dort wieder der Deutschen Alpenstraße. Diese führt uns ostwärts nach **Bad Hindelang**, einem netten Dorf am Fuße des Oberjochs. Wer nächtigen möchte, findet einen Stellplatz an der Ostrach. Tolle Fahrradtouren bieten sich von dort ins annähernd autofreie **Hintersteiner Tal** an, wo nur die Älpler und ein Wanderbus fahren dürfen und Adler ihre Kreise am Himmel ziehen.

Hinter Bad Hindelang fahren wir äußerst kurvenreich den Berg nach Oberjoch hinauf. Die **Oberjoch Passstraße** war bereits im Mittelalter ein wichtiger Handelsweg über die Alpen. Vor allem Salz wurde über den Pass transportiert, ein ertragreicher Handel, für den in seinen besten Zeiten täglich fast 300 Pferde unterwegs waren. Das Verkehrsaufkommen ist heute natürlich noch viel größer, denn die Passstrecke zählt zu den schönsten Kurvenstraßen Deutschlands. Mit etwas Glück ergattern wir nach den wildesten Kurven einen Parkplatz unweit der Aussichtskanzel. Dort besuchen wir den Aussichtspunkt am Kiosk, der uns weit über das Tal blicken lässt.

Gleich darauf sind wir in **Oberjoch** auf 1139 Meter Seehöhe, in Deutschlands höchstgelegenem Bergdorf. Selbst im heißesten Sommer ist die Luft in dem heilklimatischen Kurort angenehm. Bergtouren laden zum Wandern ein, es gibt aber auch flache Spazierwege ins **Kematsrieder Moos**, wo wir ein

Nesselwang lohnt einen Zwischenstopp.

herrliches Moorbad vorfinden. Darin zu schwimmen, gleicht einer kostenlosen Kuranwendung – ein herrliches Vergnügen.

In Oberjoch teilt sich die Straße. Rechts führt sie nach Österreich ins Tannheimer Tal. Wir halten uns links und rollen, zum Glück mit deutlich weniger Kurven, an herrlich grünen Almwiesen vorbei bergab. Nach Unterjoch erreichen wir die Ampelkreuzung bei **Wertach**. Wer sich mit echtem Allgäuer Käse eindecken möchte, biegt zu einem Abstecher links in die Ortsmitte ein. Zwei Sennereien, eine am Weißlackerplatz hinter dem Rathaus sowie »s'Molkefässle« in der Dr.-Bach-Straße, bieten eine große Auswahl an. Regionaler kann man kaum einkaufen.

Ansonsten geht es an besagter Ampelkreuzung rechts weiter in Richtung Nesselwang. Links taucht der **Grüntensee** auf, perfekt mit einem großen Wohnmobilstellplatz ausgerüstet. Er liegt gegenüber dem **Buron Kinderpark**. Alternativ gibt es daneben den Grüntensee Campingplatz. Beide Plätze eignen sich hervorragend, um an dem Stausee einen Stopp einzulegen. Einige kleinere Bergtouren führen hinauf zur **Buronhütte** und auf die **Reuterwanne**, oder wir schnappen uns die Räder und umrunden den Grüntensee. Der nächste interessante Stellplatz liegt bereits im nahen **Nesselwang** an der Talstation der Alpspitzbahn.

Nesselwang
Wertach, Käse, Grüntensee, Buronhütte, Wallfahrtskirche
18,4 km
Füssen
Altstadt, Neuschwanstein, Forggensee, Tegelberg, St. Mang, Lechfall
B17
21,4 km

BEZAUBERNDES NESSELWANG

Mit Nesselwang haben wir das Ostallgäu erreicht, das sich mit vielen Seen und einer lieblich modellierten Hügellandschaft präsentiert. Im Dorf ist die Pfarrkirche St. Andreas interessant, die zwar barock wirkt, aber in Wirklichkeit 1906 neu errichtet wurde. Der bekanntere und kunsthistorisch interessantere Sakralbau ist die **Wallfahrtskirche Maria Trost**, die sich jedoch nur im Zuge einer kleinen Wanderung besuchen lässt. Direkt von unserem Stellplatz an der Alpspitzbahn führt ein spannender Weg dorthin. Für den Aufstieg können wir den Wasserfallsteig benutzen, abwärts geht es dann über den Kreuzweg (Aufstieg ca. 1 Stunde, 220 Hm). Bei schlechterem Wetter ist das kleine Heimatmuseum im historischen Fachwerkhaus »Beim Glaser« eine gute Alternative.

LETZTE ALLGÄU-STATION: FÜSSEN AM LECH

Von Nesselwang fahren wir auf der B309 weiter über **Pfronten** und vorbei am **Weißensee** (tolle Bademöglichkeit, wenn man einen Parkplatz findet) nach **Füssen**, unsere letzte Station im Allgäu. Es ist schade, dass sich der Wohnmobilstellplatz so weit außerhalb der Altstadt befindet. Da sind die Campingplätze, die wesentlich schöner liegen, tolle Alternativen, und das Auspacken der Fahrräder lohnt sich sowieso. Wer nicht vorhat, in Füssen zu übernachten, sondern nur die Altstadt besichtigen will, wählt den Parkplatz P3 in der Kemptener Straße oder den Parkplatz am Eisstadion.

Die malerische Kleinstadt Füssen liegt am Lech und am Fuß der Ammergauer Alpen. Sie kann auf eine lange Geschichte zurückblicken. Bereits die Römer kontrollierten hier mit einem Militärlager die Via Claudia Augusta, die wichtigste Handelsstraße zwischen Nord und Süd. Und diese Via Claudia gibt es in Füssen heute noch: Es ist die **Reichenstraße**, Zentrum und »gute Stube« der Stadt. Sie liegt unter dem **Hohen Schloss**, das sich die Augsburger Bischöfe Ende des 15. Jahrhunderts als Sommerresidenz gebaut hatten. Heute beherbergt es ein Zweigmuseum der Bayerischen Staatsgemäldesammlung.

Vom Schloss aus schaut man auf das alte **Kloster St. Mang**, dessen Wurzeln in die Zeit um 750 reichen. In der Krypta sind ottonische Fresken zu sehen, die den heiligen Magnus zeigen. Er war ein Mönch aus St. Gal-

In Hohenschwangau wuchs König Ludwig II. auf.

Den Weißensee kann man zu Fuß umrunden.

Unverkennbar, einmalig, wirklich märchenhaft: Schloss Neuschwanstein bei Füssen

len, der sich hier eine Zelle gebaut hatte und sein Wissen rund um Landwirtschaft, Viehzucht und Medizin an die heimische Bevölkerung weitergab. Bis heute wird der heilige Magnus im Allgäu als Patron der Bauern und Beschützer der Tiere verehrt. Aus seiner Zelle erwuchs eine Abtei der Benediktiner, die bis zur Säkularisation Bestand hatte.

Seit 1909 gehören die Baulichkeiten der Stadt Füssen. Sie beherbergen inzwischen das städtische **Rathaus** und ein sehr sehenswertes Heimatmuseum. Die barocken Repräsentationsräume können besichtigt werden, ebenfalls die **Pfarrkirche St. Mang**. Sehenswert ist zudem der **Totentanzzyklus**, den der Maler Jacob Hiebeler von 1600 bis 1602 in der Annakapelle neben der Pfarrkirche geschaffen hat.

Von der St.-Mang-Basilika ist es nicht mehr weit zur Brücke am Lech. Nach rechts erreicht man den **Lechfall**, eine Engstelle zwischen den Felsen, wo das Wasser dramatisch über mehrere Stufen in die Tiefe fällt. Über den **Maxsteg** kann man in die Altstadt zurückkehren, um die vielen Gassen und Winkel links und rechts der Reichenbachstraße zu erkunden. Gegen Hunger und Durst helfen die zahlreichen Straßencafés, Wirtshäuser und Restaurants.

Wer länger in Füssen bleiben möchte, unternimmt mit der Tegelbergbahn eine Fahrt auf den **Tegelberg**, den Hausberg der Füssener. Die Aussicht über das Ostallgäu mit seinen vielen Seen und der hügeligen Wiesenlandschaft könnte nicht schöner sein. Zurück im Tal, kann man neben der Talstation die frei zugängliche Ausgrabung einer römischen **Villa Rustica** besichtigen oder zur in der Nähe stehenden **Kirche St. Coloman** fahren, deren Bild so manchen Kalender ziert.

LUDWIG II. UND DIE SCHLÖSSER

Wie aus einer fernen Märchenwelt stammend, erblickt man von überall im Füssener Land das weltberühmte **Schloss Neuschwanstein**, das an einem Felsen unterhalb des Tegelbergs zu kleben scheint. Es ist eng mit seinem Schöpfer König Ludwig II. verbunden. Der König hatte einen Großteil seiner Jugend im nahen Schloss Hohenschwangau verbracht. Darin wuchs er umgeben von

Das Ausflugsschiff am Forggensee verkehrt nur in den Sommermonaten.

unzähligen Wandgemälden auf, die mittelalterliche Heldensagen zum Thema hatten. Sie ließen ihn von anderen Zeiten träumen. Wie die berühmte Faust aufs Auge muss die militaristische Ausbildung gewirkt haben, die er bis zu seinem 17. Lebensjahr über sich ergehen lassen musste. Gleichzeitig wurde ihm eine göttliche Berufung zum König eingetrichtert. Als Ludwig im Alter von 18 Jahren plötzlich wirklich König wurde, besaß er die nötigen Mittel – Geld und Macht –, um alle Träume zu verwirklichen. Innerhalb von zehn Jahren begann er mit dem Bau von drei aufwendigen Schlössern: Neuschwanstein, konzipiert als mittelalterliche Burg, Linderhof als Jagdschlösschen und Herrenchiemsee mit seinem Neuen Schloss nach dem Vorbild Versailles'. Dass er damit seine Finanzen hoffnungslos überzog, übersah König Ludwig großzügig. Heute ist man stolz auf diese Bauwerke, die angesichts der nie endenden Besucherströme dem Staat viel Geld einbringen. Eine Besichtigung Neuschwansteins, nur wenige Kilometer vom Ortszentrum Füssens entfernt, ist nur mit Führung möglich, die Eintrittskarten sollte man unbedingt vorab online reservieren (neuschwanstein.de).

VON FÜSSEN INS BAYERISCHE OBERLAND

Ab Füssen sind wir nun im bayerischen Oberland unterwegs. Der Lech bildet die Grenze. So fahren wir auf der B17 am Bannwaldsee vorbei Richtung Norden und erreichen über **Halblech** den Ort **Steingaden**. Äußerst inte-

AUSFLUG

DER FORGGENSEE

Der Forggensee bei Füssen ist kein natürlicher See, sondern der durch das Kraftwerk von Roßhaupten aufgestaute Lech. Im Winter und im Frühjahr hat der Forggensee sehr wenig Wasser, und der trockene Uferrand ist zu sehen. Das hat seinen Reiz, und mit etwas Glück tauchen dann sogar die Reste der Römischen Via Claudia aus den Fluten auf. Für eine Umrundung zu Fuß ist der See zu groß. Aber eine kleine Wanderung von Füssen entweder auf seiner Westseite bis kurz vor Rieden oder entlang des Ostufers bis Waltenhofen ist sehr lohnenswert. Im Sommer verkehrt ein Ausflugsdampfer, den man bequem für den Heimweg nutzen kann. Ideal ist eine Umrundung mit dem Fahrrad. Die 32 Kilometer lange Runde zählt zu den schönsten Radtouren in Bayern.

Etwas abseits der Alpenstraße liegt die Wieskirche einsam vor den Trauchgauer Bergen.

ressant ist das ehemalige Kloster mit dem Welfenmünster, die heutige St.-Johannes-Kirche. Sie ist relativ unbekannt, und so findet sich sicherlich ein Parkplatz. Das Kloster wurde bereits 1147 gegründet, vor allem am Baptisterium und dem Eingangsportal ist die romanische Basilika noch deutlich zu erkennen. Umso überwältigender ist der barockisierte Innenraum, den man im 17. Jahrhundert anlässlich der 600-Jahr-Feier umgestalten ließ. In der Kirche rechts haltend, entdeckt man durch eine Türe noch die Reste des romanischen Kreuzgangs.

Nach der Besichtigung kann man von Steingaden mit einem kurzen Abstecher nach Westen **Lechbruck** besuchen. Dort verlässt der Lech über eine natürliche Felsenstufe seinen Stausee, nur um sich gleich darauf in den nächsten zu ergießen. Auf einer kleinen Halbinsel nördlich des Ortes gibt es einen tollen Badeplatz.

Für die Haupttour biegen wir jedoch in Steingaden rechts ab und folgen der Alpenstraße. Nach wenigen Kilometern weisen uns die Schilder erneut nach rechts zur berühmten **Wieskirche**, einem UNESCO-Weltkulturerbe. Parkplätze gibt es zahlreiche.

DIE WIESKIRCHE

Der Abt von Steingaden, Marian II. Mayr, hatte 1747 Sorgen. Er musste nicht nur die Neuausstattung seiner Klosterkirche zur 600-Jahr-Feier finanzieren, sondern auch die Schulden seiner Vorgänger abtragen. Da kam ihm die Meldung einer Bäuerin aus dem nahen Weiler Wies mehr als gelegen, dass nämlich eine unscheinbare Christusfigur geweint hätte. Solch ein Wunder sprach sich schnell herum, immer mehr Gläubige kamen und opferten Geld. Also entschloss sich der Abt, eine große Wallfahrtskirche zu bauen, prächtiger als alle anderen Kirchen weitum. Denn dann würden noch mehr Wallfahrer kommen, und durch deren Spenden wäre er rasch von seinen Schulden befreit.

Der Abt verpflichtete die besten und teuersten Künstler seiner Zeit, etwa die Gebrüder Zimmermann oder den Bildhauer Anton Sturm, und begann mit dem Bau. Die dafür erforderliche Erlaubnis vom kurfürstlichen Hof in München hatte er nicht. Ein Schwarzbau von gewaltiger Dimension entstand. Zum Glück kapitulierte die Verwaltung in München und gab die Erlaubnis für den Bau,

In Unterammergau startet man zu einer kurzen Wanderung in die Schleifmühlenklamm, die man nach Lust und Laune zu einer Bergtour auf den Pürschling ausdehnen kann.

als der Dachstuhl bereits abgebunden war. Geblieben ist uns ein einmaliges Rokoko-Kunstwerk, das wirklich seinesgleichen sucht. Vorne leuchtet der Hochaltar mit seinem Gnadenbild, und darüber lassen die Fresken in den Himmel blicken. Ein segnender Christus sitzt auf einem Regenbogen und blickt milde auf die Heiligen und auf die Gläubigen. Auch wenn immer viel in dem mittlerweile hochberühmten Gotteshaus los ist, dem perfekten Gesamteindruck der Architektur und der Kunstwerke kann sich kaum ein Besucher entziehen.

EINMALIGES OBERAMMERGAU

Der nächste Streckenabschnitt ist malerisch und führt uns über Wildsteig zur Ammer, die wir schwindelerregend hoch auf der **Echelsbacher Brücke**, einem denkmalgeschützten Brückenkonstrukt, queren. Vorbei an **Bad Bayersoien** mit seinem malerischen Moorsee, der sich gut für einen Badestopp oder eine nette Umrundung anbietet, geht es auf der B23 in Richtung Süden, wo wir schon kurz nach Unterammergau **Oberammergau** erreichen.

Der von Bergen umrahmte Ort ist für sein **Festspielhaus** mit den **Passionsspielen** bekannt. Dort werden alle zehn Jahre mit großer Leidenschaft und Professionalität die Passionsspiele durchgeführt – ein Ereignis, das auf ein altes Gelübde zurückführt und für einen Besucheransturm aus aller Welt sorgt. In den restlichen neun Jahren wird das Konzerthaus für zahlreiche Opernaufführungen, Konzerte und Theaterveranstaltungen benutzt.

Bekannt ist Oberammergau auch für seine **Lüftlmalereien**, die wir an einer Vielzahl der Häuser finden. Entweder barock verspielt am Handwerksmuseum, einem der prächtigsten Häuser im Dorf, kindgerecht am Hänsel-und-Gretel-Haus oder mit religiösen Motiven versehen wie an der Pension Kirchenbauer.

Weitere Gründe, dieses liebenswerte Dorf im Ammertal zu besuchen, sind die herrlichen Wandermöglichkeiten. Als Hausberg gilt der Kofel, eine unübersehbare Landmarke, zu der aber eine knackige Bergtour führt. Wesentlich einfacher geht es mit der Laberbergbahn oder der Kolbensesselbahn zu einer Wanderung hinauf zum Ettaler Manndl oder zur **Kol-**

Das nächste wunderbare Schloss von König Ludwig, Linderhof, liegt ebenfalls abseits am Ende des Graswangtals.

bensattelhütte. Von Letzterer winkt eine rasante Abfahrt mit der **Sommerrodelbahn**. Angenehm flach und nicht weniger aussichtsreich wandert man durch das **Ammergauer Moos** oder über den Altherrenweg. Und bei schlechtem Wetter locken das **Schwimmbad WellenBerg** oder der Reptilienzoo. Es lohnt sich also zu bleiben.

ÜBER ETTAL INS WERDENFELSER LAND

Von Oberammergau ist es nur ein kurzer Abstecher, um das abgelegene **Schloss Linderhof** zu besuchen. Das Traumschloss König Ludwigs II. mit seinem herrlichen Park, den Wasserspielen, dem Maurischen Kiosk und der Venusgrotte liegt im hinteren Graswangtal. Eine für den Märchenkönig typische Lage, um sich ein Traumhaus zu bauen. In der Abgeschiedenheit fühlte er sich deutlich glücklicher als im geschäftigen München. Der Park ist frei zugänglich. Für die Besichtigung im Inneren muss man sich einer Führung anschließen. Höhepunkt ist das königliche Schlafzimmer, das zur angenehm kühlenden Wassertreppe hin ausgerichtet ist. Auch wenn Ludwig das Mittelalter verherrlichte, liebte er die modernen Errungenschaften der Technik. Deshalb entstand im Schlossgarten das erste Elektrizitätswerk der Welt, angetrieben von Dampfmaschinen.

Nach dem Besuch fährt man in 20 Minuten zum **Plansee**, der bereits auf der österreichischen Seite liegt. Der idyllische Bergsee mit seinem blaugrünen Wasser macht den Abstecher komplett.

Zurück im Ammertal, sind wir gleich darauf in **Ettal** mit seiner berühmten Benediktinerabtei. Allein der erste Anblick ist überwältigend. Völlig überraschend taucht die wuchtige und alles dominierende barocke Kuppel der Klosterkirche auf. Die Geschichte des Klosters geht auf die Kaiserkrönung Ludwig des Bayern in Italien zurück. Der Legende nach schenkte ein Mönch dem Kaiser vor der Rückreise eine Muttergottesfigur aus weißem Marmor. Der Kaiser versprach dem Mönch, dort, wo er sein eigenes Land nach der hoffentlich glücklichen Heimkehr beträte, ein Kloster zu gründen.

Legenden sind natürlich Geschichten, doch zumindest der Kern ist wohl wahr. Das Kloster steht nämlich kurz nach dem Ettaler Sattel genau an der Stelle, an der das dem Kaiser unterstellte Land begann. Belegt ist natürlich auch die sichere Rückkehr des Kai-

Linderhof
Schloss
17,2 km
Ettal
Kloster, Käserei
B23
15,4 km
B2
Garmisch-Partenkirchen
B23
Altstadt, Berge, St. Martin, Wank
6,3 km

sers. Und bis heute steht klein, aber unübersehbar die Marienfigur in der **Klosterkirche** am Hochaltar. Neben der sehenswerten Klosterkirche liegen im Innenhof das nette **Café 1330**, eine Brauerei und die Ettaler **Klosterdestillerie**. Alle diese feinen Klosterprodukte kann man im Klosterladen erwerben. In unmittelbarer Nachbarschaft befindet sich die **Schaukäserei Ammergauer Alpen**, ebenfalls eine gute Einkaufsadresse, in dem Fall für feinen Heumilchkäse.

Von Ettal geht es steil über den **Ettaler Sattel** abwärts. Die vielen Kurven bringen uns nach Oberau im Loisachtal. Jetzt sind wir im **Werdenfelser Land** angekommen, das mit Mittenwald und Garmisch-Partenkirchen wahre Besuchermagnete besitzt. Kein Wunder, das ganze Jahr über gibt es dort viel zu erleben. In der kalten Jahreszeit steht der Wintersport an erster Stelle und im Sommer das Wandern und Bergsteigen. Die Landschaft ist geprägt von den mächtigen Bergen rund um die Zugspitze sowie vom Estergebirge und dem Karwendel. Wir fahren auf der B2 nach Süden und erreichen als Erstes Garmisch-Partenkirchen.

VIELSEITIGES GARMISCH-PARTENKIRCHEN

Der Markt entstand 1935 aus den zwei eigenständigen Dörfern **Garmisch** und **Partenkirchen**, die auf Befehl der NS-Regierung für die Olympischen Winterspiele zwangsvereint wurden. Die Bewohner waren nicht glücklich darüber, aber eine Opposition gab es zu dieser Zeit nicht. In Garmisch lebte man damals von der Landwirtschaft und der Flößerei auf der Loisach. Partenkirchen dagegen hatte Geschichte. Es lag an der römischen Handelsstraße nach Augsburg, die auch im Mittelalter und in der Neuzeit rege genutzt wurde.

Die Einkünfte der **Flößerei** trugen zum Wohlstand der Garmischer bei. So sehr, dass sich die Gemeinde gleich zwei stattliche Kirchen leisten konnte: die alte **Pfarrkirche St. Martin**, die mit gotischen Fresken ausgemalt war, und die neue Pfarrkirche St. Martin aus der Zeit des Barocks mit wertvollen Deckenbildern. Im Gegensatz dazu verlor Partenkirchen bei einem verheerenden Brand 1865 die meisten seiner historischen Gebäude. Beide Ortsteile haben somit ihren ganz eigenen Reiz. Während sich Garmisch eher mondän präsentiert, hat Partenkirchen seinen dörflichen Charakter behalten. Gemeinsam aber haben sie jede Menge malerische Ecken und Winkel, mit bunten Lüftlmalereien verzierte Häuser und blumengeschmückte Bauernhöfe.

Vom **Wohnmobilstellplatz** an der **Wankbahn** kann man Partenkirchen zu Fuß erkunden. Etwas entfernt davon liegt Garmisch, das man mit dem Bus oder dem Fahrrad gut erreicht. Besonders das Fahrrad lohnt sich,

Die Kuppel der Klosterkirche Ettal ist wirklich gewaltig inmitten der Ammergauer Berge.

Links: Die letzten Meter hinauf zum Zugspitzgipfel sind nur mit einer kleinen Kletterei zu bewältigen.

Rechts: Die hochmoderne Garmischer Skisprungschanze

denn Garmisch ist relativ groß, und für den Besuch des alten **Olympiastadions** aus der Zeit des Dritten Reichs wäre es zu weit. Heute wird das Areal von der neuen Sprungschanze dominiert. Die hochmoderne Skisprunganlage kennt man vom alljährlichen Neujahrsspringen im Rahmen der Vierschanzentournee. Die Sprungschanze lässt sich bei einer Führung besichtigen.

Zeit darf man sich auch für Wanderungen nehmen. Einer der schönsten Wanderwege ohne große Anstiege beginnt direkt am Stellplatz der Wankbahn. Über den **Philosophenweg** wandern wir fast eben zur **Antoniuskapelle** mit den schönen Fresken von Anton Holzer. Dahinter setzen wir die Tour zum aussichtsreichen Kreuzbichl fort, und wer möchte, steigt weiter zur neuen Tannenhütte auf. Über die Hacker-Pschorr-Hängebrücke geht es nach Partenkirchen zurück.

Man kann auch den **Wank** besuchen, immerhin können wir aus unserem Bett mehr oder weniger direkt in die Gondelbahn einsteigen. Dabei trumpft der Wank vor allem mit seiner tollen Aussicht. Es ist einer der schönsten Logenplätze im Werdenfelser Land, von denen wir ungehinderte Sicht auf die Zugspitze und das Wettersteinmassiv haben. Ein echtes Naturkino! Oben angekommen, gibt es viele Wanderwege. Von sehr leicht, z. B. einem Rundweg im Gipfelbereich, bis zum anstrengenderen Abstieg.

Alternativ steuert man das wunderschöne **Camping Resort Zugspitze** bei Grainau an. Definitiv eine tolle Wahl für alle, die den **Eibsee** oder die **Zugspitze** besuchen wollen. Garmisch-Partenkirchen ist von dort ebenfalls gut mit dem Fahrrad erreichbar. Obendrein ist die Grainauer Gästekarte inkludiert. Ein echter Zusatzbonus, mit dem die Nutzung der RVO-Busse im Landkreis Garmisch-Partenkirchen sowie die ÖPNV-Verbindung nach Ehrwald in Tirol kostenlos sind. Außerdem darf man die Zugspitzbahn zwischen Grainau und Garmisch-Partenkir-

AUSFLUG

AUF DIE ZUGSPITZE

Einmal im Leben auf dem höchsten Punkt Deutschlands stehen – diesen Wunsch können wir uns von Grainau aus erfüllen. Neben all den Wanderrouten bringt uns die neue Zugspitz-Gondelbahn auf einem schnellen und einfachen Weg zum höchsten Gipfelglück. Die neue Seilbahn – ein Wunderwerk der Technik – heimst gleich ein paar Einträge im Guinness-Buch der Rekorde ein (zugspitze.de). Für die Abfahrt kann man dann die Zugspitz-Zahnradbahn wählen.

chen oder bis zum Eibsee benutzen. Aber Vorsicht, auf die Zugspitze hinauf muss man zahlen! Ebenso kostenlos sind der Eintritt ins Zugspitzbad, geführte Wanderungen, Loipennutzung oder Kurkonzerte; darüber hinaus gibt es viele Ermäßigungen.

Grainau steht etwas im Schatten von Garmisch-Partenkirchen, obwohl es der Ausgangspunkt für die Zugspitze und den Eibsee ist. Das hat aber sein Gutes, denn so ist Grainau die Dorfidylle erhalten geblieben. Neben uralten Bauernhöfen flaniert man durch den Kurpark und erreicht das **Zugspitzbad** mit einem extrem aussichtsreichen Wasserbecken. Wer möchte, kann den Spaziergang zum **Badersee** ausdehnen. Das kleine Geotop ist wunderschön, wird aber oft übersehen.

VON GARMISCH NACH MITTENWALD

Die Strecke von Garmisch-Partenkirchen auf der B2 nach **Mittenwald** ist nur kurz. Aber auch Mittenwald mit seiner schönen Umgebung lohnt sich für mindestens einen Tag Aufenthalt. In der Antike führte die römische Straße Via Raetia durch das Tal. Um 1080 dann wurde der Ort das erste Mal als »Media silva« in den Urkunden erwähnt. Es handelte sich wohl um ein Rodungsgebiet, also eine Lichtung im dichten Wald.

»Mitten im Wald« liegt Mittenwald heute zwar nicht mehr, aber es gibt kaum einen anderen Ort im Werdenfelser Land, der landschaftlich so reizvoll eingebettet ist. Rund um Mittenwald gruppieren sich die imposanten und berühmten Felswände des Karwendels und des Wettersteins sowie das Estergebirge. Egal, wohin man blickt, man kommt aus dem Staunen nicht heraus.

Der **Stellplatz am Bahnhof** mitten im Ort ist mehr praktisch als idyllisch, aber bestens geeignet, um alle Aktivitäten direkt von dort zu starten. Wer hingegen lieber den Komfort im **Alpen-Caravanpark Tennsee** bevorzugt, benutzt, um nach Mittenwald zu gelangen, am besten den mit der Gästekarte kostenlosen Bus. Von Mai bis Oktober gibt es sogar einen viermal täglich verkehrenden Wanderbus, der alle wichtigen Startplätze zu Wanderungen anfährt.

Mittenwald und seine malerische Marktstraße

IDYLLE IN MITTENWALD

Das Herz von Mittenwald schlägt am **Obermarkt**. Die Häuser sind allesamt reich bemalt und überdies sehr alt. Kein Neubau stört den Gesamteindruck. In den vielen Straßencafés und Gaststätten stehen Tische zur Einkehr bereit, überall gibt es nette Läden zum Bummeln. Mitten durch den Markt plätschert ein offener Bachlauf. Auch die **barocke Pfarrkirche** trägt innen wie außen reichen Freskenschmuck, die der Barockmaler Matthäus Günther gefertigt hat. Der reiche Stuck von Joseph Schmutzer vollendet die Ausstattung der Kirche, die zu den schönsten Barockkirchen Südbayerns zählt.

Hinter der Pfarrkirche liegt das **Geigenbaumuseum**, denn Mittenwald ist ein bekanntes Geigenbauzentrum. Matthias Klotz, dem auch das Denkmal vor der Kirche gewidmet ist, war Mittenwalds erster Geigenbaumeister. Klotz wurde 1653 geboren und erlernte in jungen Jahren zunächst in Füssen den Beruf des Instrumentenmachers, ehe er 1672 in die italienische Geigenstadt Padua zu weiteren Lehrjahren auswanderte. Erst 1680 zog es ihn in die alte Heimat zurück, wo er die günstigen Voraussetzungen für sein

Bei Urfeld wandert man völlig verkehrsberuhigt entlang des Walchensees nach Sachenbach.

Handwerk kannte. In den Bergwäldern um Mittenwald wuchs das passende Holz (Ahorn und Fichte), und durch die guten, noch aus Römerzeiten angelegten Handelsverbindungswege zwischen Nord und Süd war auch der Absatz der Instrumente gesichert. Außerdem war er der erste und einzige Instrumentenmacher am Ort und damit ohne jede Konkurrenz. Es dauerte nicht lange, und er lehrte nicht nur seine drei Söhne das Handwerk, sondern nahm auch andere Mittenwalder als Lehrlinge auf. Somit wurde im Laufe der Jahre die Geigenbauschule Klotz gegründet, die im 18. Jahrhundert ihren Höhepunkt erreicht hatte. Noch heute sind einige Instrumentenbauer im Ort ansässig. Das Museum steht natürlich komplett unter dem Motto der Streichinstrumente (geigenbaumuseum-mittenwald.de).

Natürlich kann man den Aufenthalt in Mittenwald mit einigen schönen Wanderungen, Bergtouren oder Fahrradrunden verknüpfen. Die **Karwendelbahn** bringt uns hinauf zu den schroffen Felsen unter der westlichen Karwendelspitze. Für den normalen Wanderer reicht die Umrundung der Karwendelgrube mit dem Besuch des Informationszentrums im Riesenfernrohr völlig aus. Alle anderen Touren sind dort oben eher den Profis überlassen. Für jedermann bietet sich hingegen der **Kranzberg** an. Von seinem Gipfel ist die Aussicht überwältigend schön, die Wege sind einfach und lassen sich mit dem Kranzberglift verkürzen. Sehr abwechslungsreich entpuppen sich die **Radtouren** entlang der noch jungen Isar – zum einen flussaufwärts bis nach Scharnitz in Tirol, wo man mit E-Bikes bis zu den **Isarquellen** radeln kann, aber auch flussabwärts sind die Wege wunderschön. Sie führen über die **Buckelwiesen** nach Krün oder Wallgau, und dabei kann man die wunderschönen Bergseen **Barmsee** und **Geroldsee** besuchen.

ÜBER KRÜN ZUM WALCHENSEE

Von Mittenwald schwingen wir uns auf die B11 und fahren in Richtung Norden. Über **Krün** und **Wallgau**, zwei fast schon kitschig anmutende Dörfer, erreichen wir das Südufer des Walchensees. Unmittelbar neben der Mautstraße, die in Richtung Jachenau abzweigt, gibt es einen großen Stellplatz für Wohnmobile. Er eignet sich für alle, die gern

einen Tag am Wasser verbringen wollen. Der **Walchensee** ist einer der schönsten Badeseen Bayerns. Umgeben von Bergen, wird er gern mit einem See in Kanada oder in Skandinavien verglichen. Am See liegen nur zwei Orte: Walchensee und Urfeld. Leider sind die Parkplätze in den Orten rar, und so erkundet man den See am besten mit dem Rad. Wobei es auch hier einen Wermutstropfen gibt, denn am Westufer gibt es keinen richtigen Fahrradweg und man teilt sich die Straße mit den Autos. Lohnenswert sind das **Wikingerdorf Flake**, die Filmkulissen des gleichnamigen Kinostreifens, sowie das **Lovis-Corinth-Museum** in Urfeld. Ansonsten spielen der See und seine Berge die Hauptrolle, allen voran der Herzogstand (Gondelbahn: herzogstandbahn.de) und der Jochberg.

KESSELBERG, KOCHEL UND SEIN SEE

Die B11 führt uns mit besten Walchenseeaussichten am Westufer entlang, dann geht es in **Urfeld** über drei kleinere Serpentinen hinauf zum **Kesselberg**. Die Strecke, auf der neben Goethe viele Reisende ihre Fahrt nach Italien antraten, wurde bereits 1495 angelegt. Bis dahin bestand der Weg nur als Saumpfad. Kein Vergleich zu heute, auch wenn sich die Abfahrt hinunter zum tiefer gelegenen Kochelsee als immer noch sehr kurvenreich entpuppt. Kaum haben wir die Talsohle erreicht, können wir nach links einen Abstecher zum **Walchenseekraftwerk** unternehmen. Das technische Meisterwerk von Oskar von Miller liefert nunmehr seit fast 100 Jahren zuverlässig Strom aus Wasserkraft. Ein angeschlossenes Informationszentrum erklärt die Geschichte sowie die technische Raffinesse, den höher gelegenen Walchensee mit dem Kochelsee zu verbinden.

Kurz darauf sind wir in **Kochel am See**. Das Dorf ist nicht nur für seinen schönen See mit den vielen Bademöglichkeiten bekannt, sondern vor allem auch wegen des expressionistischen Malers **Franz Marc**. Als kurzzeitiges Mitglied der Künstlervereinigung Der Blaue Reiter lebte er bis zu seinem Tod 1916 bei Kochel. Gefallen im Ersten Weltkrieg in Frankreich, wurde sein Leichnam nach Kochel überführt, wo er heute neben seiner Frau auf dem Friedhof begraben liegt. Viele seiner Kunstwerke kann man im Kocheler **Franz-Marc-Museum** bewundern.

Am Kochelsee gibt es gleich zwei Campingplätze, neben dem Campingplatz Renken (Foto) liegt der Campingplatz Kesselberg ebenfalls direkt am See.

Walchensee
Berge, See, Wikingerdorf, Fahrrad
11 km
Kochel
See, Walchseekraftwerk, Franz-Marc-Museum
16,3 km

Im Murnauer Untermarkt ist immer etwas los.

Wer Entspannung sucht, findet die **Kristalltherme** am Kochelseeufer. Der Wellnesstempel mit seiner Saunalandschaft ist das ganze Jahr über geöffnet. Am Kochelsee gibt es keine Wohnmobilstellplätze, dafür aber zwei Campingplätze (siehe »Praktische Hinweise« am Ende dieser Tour).

ABSTECHER NACH MURNAU

In der Ortsmitte von Kochel kann man für mindestens einen Tag die klassische Alpenstraße verlassen und nach Murnau fahren. Auf der Strecke liegt das **Kloster Schlehdorf** mit seiner 1773 vollendeten Klosterkirche. Besonders beachtenswert ist die Friedhofskapelle. In ihr hängt ein frühromanisches Kreuz, von dem die Kunsthistoriker annehmen, dass es um 1000 n. Chr. entstanden ist.

Wenige Kilometer später biegen wir in Großweil links ab und fahren hinauf zum **Freilichtmuseum Glentleiten** (glentleiten.de, dort gibt es auch Übernachtungsstellplätze). Hier stehen viele historische Bauernhäuser und alte Gebäude. An ihrem ursprünglichen Ort konnte man sie nicht mehr erhalten, und so wurden sie versetzt und im Museum originalgetreu wiederaufgebaut. Bei einem Spaziergang durch das weitläufige Areal tauchen wir ein in die »gute alte Zeit« und können auch einigen Handwerkern über die Schulter schauen. Im Eingangsgebäude wartet eine Wirtschaft nebst Brauerei, wo wir bei traumhafter Aussicht über das Kochelseemoor bayerische Brotzeiten genießen können.

Schließlich führt uns die Straße ins malerische **Murnau** (Stellplätze am Bahnhof), eine Stadt mit langer Geschichte. Die Gegend war bereits zu vorchristlicher Zeit besiedelt. Richtig spannend wird es jedoch Anfang des 20. Jahrhunderts. Der Architekt Emanuel von Seidl veränderte das Ortsbild und Künstler wie Gabriele Münter und Wassily Kandinsky entdeckten den Ort und die Umgebung für sich. Murnau wurde zum Zentrum der expressionistischen Malerei und ging damit in die Kunstgeschichte ein.

Damals wie heute schätzen die Einheimischen und die Besucher die wunderschöne Lage zwischen **Staffelsee** und **Murnauer Moos**, was einen enormen Freizeitwert verspricht. Überdies ist die lang gezogene Marktstraße äußerst lebendig, eine gelunge-

ne Mischung aus Tradition und südländischer Leichtigkeit. Viele Straßencafés laden zum Sitzen ein. Es gibt nette Geschäfte, und im Süden wartet der Seidlpark mit seinen imposanten Bäumen auf einen Spaziergang. Natürlich sorgen sowohl der Staffelsee wie auch der nahe **Riegsee** für Glücksmomente, ebenso eine weite Radtour durch das Murnauer Moos.

ZUM KLOSTER BENEDIKTBEUERN

Weiter auf der B11 erreichen wir Benediktbeuern, sein Kloster und das weite Loisachmoor. Der Wohnmobilstellplatz liegt auf der östlichen Dorfseite am Freibad. Für die Klosterbesichtigung schnappt man sich daher am besten das Fahrrad oder steuert als Erstes den Klosterparkplatz an.

Stolz reckt das Kloster Benediktbeuern seine zwei Zwiebeltürme gegen den mächtigen Bergrücken der Benediktenwand. Es war viele Jahrhunderte Mittelpunkt des kulturellen und religiösen Lebens im Loisachtal und ist es bis heute – trotz Säkularisation – geblieben. 1930 haben sich die Salesianer Don Boscos in den Gebäuden niedergelassen. Ihre Hochschule und ihre Aktivitäten zur Bewahrung der Umwelt kennt man in ganz Süddeutschland.

Auch kunsthistorisch ist das Kloster ein Kleinod. Bereits der barocke Arkadeninnenhof mit seinen mächtigen Bäumen und den Lavendel- und Rosenbeeten lockt zu einem Rundgang. Die prächtige **Klosterkirche** wurde von Zuccalli erbaut und ist mit Stuck und Fresken von H. G. Asam verziert. Sehenswert ist vor allem die **Anastasiakapelle**. Wer Zeit hat, besichtigt bei einer Klosterführung den **Alten und Neuen Festsaal** sowie die Bibliothek. Sehr interessant ist außerdem die Werkstatt von Josef Fraunhofer, der nach der Säkularisation in die leer stehenden Klosterbauten zog.

Hinter dem Kloster liegt ein stattliches Moor. Kurze und längere Wanderwege, darunter zahlreiche Themenwege, führen hinein. So gibt es Moortümpel, eine Vogelstation, Barfußpfade, Klangwege und einen traumhaften **Moorpfad** in der Nähe der Loisach, der nicht nur Familien mit Kindern glücklich macht. Wer das Moor weitläufiger besichtigen möchte, schwingt sich auf das Fahrrad und entdeckt endlose Wege entlang

Großzügig ist der Klosterinnenhof von Benediktbeuern.

Abstecher nach Murnau
B11
Museum, Altstadt, Schloss, Staffelsee, Gabriele-Münter-Haus, Glentleiten
22 km

Benediktbeuern
Kloster, Moor, See, Benediktenwand, Loisach
18,8 km

Diese Aussicht auf die Tölzer Altstadt dürfen wir in den Abendstunden nur wenige Meter von unserem Stellplatz aus genießen.

der Loisach. Unbedingt ein Fernglas einpacken, denn nicht selten stolzieren Störche auf ihren langen Füßen durch das Moor.

INS TÖLZER LAND

Von Benediktbeuern geht es weiter, an Bichl vorbei nach **Bad Heilbrunn**. Der kleine Kurort ist nicht nur für seine Teefirma berühmt, sondern auch für seinen großen **Kräuter-Erlebnis-Park**, in dem gerade an den Wochenenden immer wieder Kräuterführungen und Workshops stattfinden (bad-heilbrunn.de). Von dort sind es nur noch wenige Minuten mit unserem Mobil, und wir erreichen Bad Tölz mit seinem herrlichen Stellplatz direkt am Isarufer. Wer eine Alternative dazu sucht, findet kurz vor Bad Tölz auf der Strecke den kleinen **Campingplatz Demmelhof am Stallauer Weiher** mit Badegelände (campingplatz-demmelhof.de).

Die Isar ist die Lebensader von Bad Tölz. Einst brachte die Flößerei wirtschaftlichen Aufschwung. Heute sind es Urlauber, die Bad Tölz als Tor zum Isarwinkel schätzen. Zahlreiche Ausflugsziele wie z. B. der **Blomberg** mit seiner Sommerrodelbahn, Wanderwege, z. B. entlang der Isar nach Lenggries, oder Radstrecken, z. B. zum **Kirchsee**, sind perfekt für die Erkundungstage.

BUMMEL DURCH BAD TÖLZ

Für die Tölzer Stadtbesichtigung startet man am besten an der Isarbrücke, die etwas flussaufwärts unseres Stellplatzes liegt. Die lebendige Café-Szene auf beiden Seiten des Flusses am Fritzplatz oder am Amortplatz merkt man sich für später vor. Zunächst lockt die **Marktstraße** mit ihren mit Lüftlmalerei geschmückten Häusern. Einst wohnten dort Kaufleute, denen der Handel über die Isar gutes Geld brachte. Etwas abseits steht die **Pfarrkirche Mariä Himmelfahrt**. Sie stammt aus dem 15. Jahrhundert und gilt als das älteste erhalten gebliebene Bauwerk des Isarwinkels. Unterhalb davon liegt das Handwerker- und Flößerviertel Gries mit seinen verwinkelten Gassen.

Zurück auf der Marktstraße, stößt man auf das alte **Tölzer Rathaus**, dessen Fassade man als Drehort aus der Fernsehserie »Der Bulle von Tölz« kennt. Vorbei am **Winzerer-Denkmal**, schließt der Kahnturm die Markt-

Das Brauneck über Lenggries bietet sich im Sommer als Wanderparadies für kurze oder längere Touren an.

straße ab. Etwas weiter steht die **Mühlfeldkirche** mit dem Turm, dessen doppelte Zwiebel die Kirche so unverkennbar macht. Sie wurde unter dem Eindruck der Pestepidemien ab 1736 erbaut. Ihr größter Schatz, das Deckenfresko, stammt von Matthäus Günther und zeigt die Tölzer Bürger bei der Pestprozession.

Von der Marktstraße aus führen verschiedene Wege aufwärts zum **Kalvarienberg**. Die Aussicht auf Bad Tölz und den Isarwinkel ist einmalig. In der Kirche findet man eine breite Treppe, eine Nachbildung der Scala Santa aus der Lateranbasilika in Rom. Die Leonhardikapelle daneben ist das Ziel der berühmten **Leonhardi-Fahrt**, die jährlich im November Tausende Besucher anlockt.

Zurück an der Isar, schlendert man am anderen Isarufer durch das **Badeviertel**. Dieser Stadtteil ist im Wesentlichen vor dem Ersten Weltkrieg entstanden. 1845 hat man am Wackersberg eine Quelle reich an Jod entdeckt. Ein Kur- und Badebetrieb kam auf, der 1899 durch die Verleihung des Titels »Bad« staatlich anerkannt wurde. Aus dieser Zeit stammen auch die wichtigsten Bauten im Kurviertel wie das von Gabriel von Seidl errichtete Kurhaus.

DURCH DEN ISARWINKEL ZUM TEGERNSEE

Die nächste Tagesetappe steht im Zeichen »Freude am Fahren«, denn eine schöne Strecke liegt vor uns. So geht es von Bad Tölz auf der Schnellstraße nach **Lenggries**. Der Ursprung des Ortsnamens erklärt sich durch die vielen langen Kiesbänke am Isarufer: der »lange Gries«. Dabei spielte die »Isaria«, die »Reißende, Wilde«, stets eine wichtige Rolle im Leben der Lenggrieser Bevölkerung. Früher war die einträgliche **Flößerei** ein weitverbreiteter Beruf. Vor allem Bauholz und Kalk, der in den zahlreichen Kalköfen entlang des Flusses gebrannt wurde, transportierte man nach Norden. Noch heute findet man Kalköfen im Isargebiet. Aber Lenggries war auch von Handwerk und Landwirtschaft geprägt, und das hat sich zum Glück erhalten.

Heute ist Lenggries mit seinem **Hausberg Brauneck** ein wahres Freizeiteldorado. In der kalten Jahreszeit nützen Wintersportler die Liftanlagen, im Sommer hat man die Qual der Wahl: Zum einen locken die vielen Wanderwege zu flachen Touren oder hoch hinauf auf den Berg. Bei Wildwasser-Raftingtouren

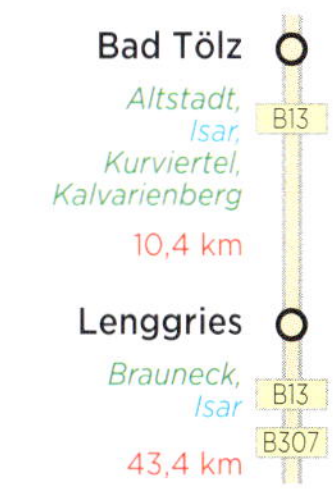

Ein unvergleichliches Naturjuwel ist die obere Isar am Sylvensteinspeichersee.

geht es feuchtfröhlich über die Isar, es gibt einen kniffeligen Hochseilgarten am Fuße des Braunecks, oder man leiht sich Bullcarts aus, mit denen man auf Dreirädern flott die Piste des Streidlhangs hinuntersaust.

Hinter Lenggries wird die Straße etwas schmaler, und wir fahren in das landschaftlich wunderschöne Gebiet der Oberen Isar. Mit einer kleinen Auffahrt erreichen wir den großen **Sylvensteinspeicher**, einen See, der sehr natürlich wirkt, sieht man einmal von der Dammkrone ab. Umgeben von Bergen scheint es, als wäre er schon immer da gewesen. Wer eine Nacht an diesem See verbringen möchte, biegt an der Dammkrone rechts ab und findet einen schönen **Stellplatz im Wald** nach der Faller-Klamm-Brücke auf der linken Seite (GPS: 47.571578, 11.534228). Er ist bestens geeignet als Ausgangspunkt für Wanderungen oder für einen erholsamen Tag am See.

Ansonsten halten wir uns links und fahren über die Dammkrone weiter auf der B307 am Sylvensteinufer entlang. Der Gebirgsbach Walchen, der uns nach dem See ein Stück begleitet, bildet die Grenze zu Österreich. So kommen wir für wenige Meter auf Tiroler Hoheitsgebiet. An der Querstraße biegen wir links ab und sind über den **Achenpass** schon wieder zurück in Bayern. Wobei man von einem richtigen Pass kaum sprechen kann, denn die Straße steigt nur etwas an. Dahinter sind wir im **Weißbachtal**, das bereits zum Tegernseer Gebiet zählt. Vorbei an zahlreichen Almwiesen, dem Weiler Wildbad Kreuth (Stellplatz für die Nacht ohne jede Versorgung am Parkplatz Wildbad Kreuth, GPS: 47.626168, 11.746922) und dem Dorf **Kreuth**, weitet sich kurz vor **Rottach-Egern** das Tal und wir blicken auf den herrlichen Tegernsee, gemeinhin auch bekannt als »Lago di Bonzo«.

TRUBEL AM TEGERNSEE

Der Tegernsee ist Luxus der Oberklasse, zumindest für alle, die hier dauerhaft leben möchten. Deshalb gibt es rund um den Tegernsee jede Menge Schickeria mit entsprechender Gastronomie und Infrastruktur. Das liegt natürlich daran, dass das Tegernseer Tal mit seinen Bergen eine der schönsten Landschaften in Bayern ist. Trotzdem findet man viele bezaubernde Ecken und Winkel,

die frei zugänglich sind, und natürlich ist der See selbst »Luxus pur« – und das zum Glück für jedermann.

Leider gibt es direkt am See keinerlei Stellplätze. Der nächste liegt am **Oedberglift** (siehe »Praktische Hinweise«) auf der Strecke zum Schliersee. Wer den Tegernsee genießen möchte, schwingt sich am besten auf das Fahrrad und parkt zuvor das Wohnmobil auf einem der größeren Parkplätze, die etwas weiter vom See entfernt liegen (Zentralparkplatz, Tegernsee; Zentralparkplatz, Rottach-Egern; Parkplatz am Strandbad, Bad Wiessee; Volksfestplatz, Gmund).

Vier Gemeinden säumen die Ufer des Tegernsees: Gmund, Bad Wiessee, Rottach-Egern und der Ort Tegernsee. Alle haben ihren eigenen Charme und Charakter. In **Gmund** verlässt die **Mangfall** den See. Dort gibt es eines der schönsten Strandbäder, das Seeglas mit einer langen Uferpromenade. Außerdem gehört zu Gmund das **Gut Kaltenbrunn**, das durch seine wunderbare Aussicht punktet, und auch die Küche von Feinkost Käfer lässt keine Wünsche offen. **Bad Wiessee** hat das Prädikat »Heilbad« den beiden Jod-Schwefel-Heilquellen zu verdanken, die im Jahr 1909 bei Erdölbohrungen entdeckt wurden. **Rottach-Egern** wiederum liegt am Südufer unter dem Wallberg. Viele Künstler ließen sich dort nieder. Den Dichtern Ludwig Ganghofer und Ludwig Thoma und dem Kammersänger Leo Slezak setzte man an der Uferpromenade ein Denkmal. Vom Malerwinkel aus hat man den schönsten Blick auf den Ort mit seiner Kirche St. Laurentius. Am Ostufer trifft man auf das **Kloster Tegernsee** mit seinem legendären Bräustüberl. Kunsthistorisch ist das sicherlich der interessanteste Ort, der zusätzlich eine herrliche Uferpromenade besitzt, die zum Teil als Steg vorgelagert ist. All diese Ortschaften lassen sich übrigens auch prima mit dem Schiff erkunden.

AUSFLUGSZIEL SCHLIERSEE

Zum nächsten See, dem Schliersee, fahren wir südlich von **Gmund** am Kreisverkehr weiter Richtung Osten. Vorbei am Stellplatz Oedberglift, kommen wir nach **Hausham** und dort, der Beschilderung folgend, über die B307 zum **Schliersee**. Der von Bergen umrahmte See ist nicht tiefer als 40 Meter und

Etwas südlich vom Kloster Tegernsee gibt es ein schönes Badegelände auf der Halbinsel Point.

Rottach-Egern/ Tegernsee
Sylvensteinspeicher, Tegernsee, Kloster, Fahrrad, Museum
18,2 km

Schliersee
Dorf, See, Markus-Wasmeier-Museum, Destillerie
B307
10,8 km

Im Dorf Schliersee zeugt die kunterbunte Mischung aus alten Bauernhäusern, Gaststätten, Hotels und moderner Architektur vom vielfältigen Leben im Ort.

gilt als der kleine Bruder des Tegernsees. Mitten im See liegt die **Insel Wörth**, und drum herum gruppieren sich drei Orte: Schliersee, Fischhausen und Neuhaus.

Den schönsten Blick über den Ort Schliersee gibt es vom Weinberg mit seiner Georgskapelle. Zu seinen Füßen liegt das bekannte **Schlierseer Bauerntheater**, eines der ersten seiner Art. Kunsthistorisch bedeutend sind die zwei Kirchen St. Sixtus und St. Martin. In **St. Sixtus** ist die Schutzmantelmadonna von Jan Polak besonders sehenswert.

Zwei große Brauchtumsveranstaltungen unterstreichen das weiß-blaue Paradeimage. Im August ziehen Trachtler am **Altschlierseer Kirchtag** in festlich geschmückten Booten über das Wasser. Im November geht es zu Leonhardi auf dem Landweg mit Kutschen, Reitern und Truhenwägen nach Fischhausen zu einem Gottesdienst.

Die Berge rund um den Schliersee sind für Wanderfans interessant. Sie sind allesamt nicht zu hoch und lassen sich problemlos besteigen. Auf den **Schliersberg** führt eine Bahn, zu Fuß ist es eine knappe Stunde. Oben sind vor allem Familien mit Kindern glücklich, gibt es doch eine Sommerrodelbahn, Spielplätze und mit der **Schliersbergalm** ein beliebtes Ausflugsziel. Sehr schön ist darüber hinaus die Wanderung zu den **Gindelalmen**, die man mit einem Übergang zum Tegernsee kombinieren kann. Wer gern länger wandert, steigt zur **Brecherspitze** oder zur **Bodenschneid** auf.

Auch ein Freilichtmuseum gibt es am Schliersee. Das **Markus-Wasmeier-Museum** liegt unweit des Bahnhofs Neuhaus und wurde vom Olympiasieger und Skifahrer Markus Wasmeier gegründet. Kulinarisch kann man sich in der **Whiskeydestillerie Slyrs** verwöhnen lassen, und das nicht nur flüssig, sondern auch mit bayerischen Schmankerln im »Caffee & Lunchery«.

Den Schliersee erkundet man am besten zu Fuß oder mit dem Fahrrad, dabei ist das westliche Ufer autofrei. Überall trifft man auf herrliche Badestellen. Besonders chillig mit Cocktails und gutem Essen geht es im Schlierseer Freibad zu – perfekt für den Sundowner. Und wenn das Wetter einmal nicht mitspielt, freut man sich im Schwimmbad **monte mare** auf Badegäste.

Am Schliersee gibt es zwar keinen Stellplatz, stattdessen aber einen netten Cam-

Das letzte Stück zum Gipfel des Wendelsteins muss man zu Fuß zurücklegen.

pingplatz (siehe »Praktische Hinweise«). Wer keine Lust auf »Einchecken« hat, fährt noch ein Stück weiter: entweder nach Bayrischzell oder zum **Spitzingsee**.

VIEL NATUR RUND UM DEN SPITZINGSEE

Der See und die umliegenden Berge mit ihren felsigen Gipfeln bilden ein Bilderbuchensemble. In diesem eindrucksvollen Naturrahmen lässt es sich natürlich herrlich wandern. Dabei deckt die Gegend die ganze Bandbreite an sportlichem Ehrgeiz ab – von einfachen Spaziergängen bis hin zu Mehrtagestouren ist für jeden etwas dabei. Auf keinen Fall versäumen sollte man die einfache Wanderung fast ohne Steigung zur **Albert-Link-Hütte**, die südlich des Sees im Tal der Roten Valepp liegt. Das Pächterpaar setzt auf eine naturbewusste Verarbeitung heimischer Produkte. Die Knödel sind handgedreht und das Brot in einem knisternden Holzofen selbst gebacken. Außerdem räuchert der Hüttenwirt Speck und Salami. So viel Herzblut schmeckt man! Die Wanderung zur Hütte kann man mit einer Umrundung des Spitzingsees verbinden. Dafür startet man direkt vom Stellplatz. Eine Bergtour führt hinauf auf den **Taubenstein** oder zur **Rotwand**, auch wenn wir uns den Aufstieg mit der Bahn erleichtern können.

BAYRISCHZELL AM FUSSE DES WENDELSTEINS

Um Bayrischzell zu erreichen, bleiben wir auf der B307 und cruisen sehr entspannt durch die wunderbare Landschaft des **Oberen Leitzachtals**. Von links grüßt der **Wendelstein** mit seinen mächtigen Antennen, und rechts der Straße finden wir den Stellplatz, der nahe der Bayrischzeller Ortsmitte liegt. Eine schöne, kurze Wanderung führt leicht aufwärts über die Grüne Gumpe ins Tortenparadies des **Bergcafés Siglhof**. Eine längere, aber technisch unkomplizierte Tour führt auf den **Seeberg**, oder man wählt die Gondel auf den Wendelstein und lässt sich dort von der sensationellen Aussicht verwöhnen.

ÜBER DAS SUDELFELD INS INNTAL

Auf dem nächsten Streckenabschnitt macht die Deutsche Alpenstraße ihrem Namen wieder alle Ehre. Von Bayrischzell führt sie in

Spitzingsee
Wandern, Bergsee B307
15,5 km
Bayrischzell
Wandern, Berge, Wendelstein B307
25,8 km

Den Katzensprung von Kiefersfelden zum nahen Tiroler Thiersee sollte man sich nicht entgehen lassen.

vielen Kurven und Serpentinen hinauf ins **Sudelfeld**, ein beliebtes Wander- und Skigebiet. Die Aussichten sind traumhaft, und zum Glück gibt es oben einige Parkplätze, wo wir gut stehen bleiben können, um das Ambiente so richtig zu genießen. Einmal halten wir uns rechts, Richtung Oberaudorf. Wer ein Rendezvous mit einem Wasserfall sucht, parkt unterhalb des Hotels Feuriger Tatzelwurm. Dort liegen die **Tatzelwurm-Wasserfälle**, die bei einer kurzen Wanderung gut zu erreichen sind. Am Tatzelwurm bleiben wir weiter auf der Deutschen Alpenstraße, die jetzt zwar deutlich schmaler wird, aber immer noch gut zu befahren ist. So kommen wir nach **Oberaudorf im Inntal**. Für den Stellplatz in Kiefersfelden (siehe »Praktische Hinweise«) geht es noch ein Stück weiter in Richtung Süden.

SPECIAL

KEINE LUST AUF KURVEN?

Wer keine Lust auf die Bergfahrt über das Sudelfeld ins Inntal hat, kann über die Landstraße ausweichen. In **Aurach** kurz hinter Neuhaus am Schliersee biegen wir links ein. Vorbei an **Fischbachau** kommen wir nach **Hundham**, dort geht es rechts und mit deutlich weniger Kurven über den **Auer Berg** hinab nach **Bad Feilnbach**, wo wir dann erneut rechts haltend ebenfalls das Inntal erreichen.

VON KIEFERSFELDEN DURCH DAS TAL DES INNS

Rund um **Kiefersfelden** liegen einige schöne Seen, wobei vor allem der **Hechtsee** mit seinem »stinkenden Wasserfall« hervorzuheben ist. Er lässt sich hervorragend umwandern, und man kann die Tour bis zum tirolerischen **Thiersee** ausdehnen. Am Kieferbach beginnt der kurze Aufstieg durch die **Gießenbachklamm** zur Schopper Alm, die für unvergessliche Almmomente sorgt. Und wer schon mal in Kiefersfelden ist, der unternimmt einen Abstecher ins nahe **Kufstein**, denn die malerische Altstadt ist eine Reise wert.

Der **Inn** spielt die Hauptrolle im ganzen Tal. Zahlreiche geschichtsträchtige Dörfer säumen seinen Lauf, denn der Inn war über viele Jahrhunderte hinweg eine wichtige Handelsverkehrsader. Bis kurz vor Rosenheim begleiten den Fluss die Inntaler Berge. Nicht zu vergessen das Hochplateau Samerberg mit seinen sanften Hügeln, das den Übergang ins Chiemgau bildet und über das

wir den Weg fortsetzen werden. Dazu fahren wir von **Oberaudorf** nach Norden. Vorbei am ehemaligen **Kloster Reisach** geht es nach **Flintsbach** mit seiner Burgruine. Kurz danach queren wir vor Brannenburg den Inn und fahren nach **Nußdorf**. In der Ortsmitte biegen wir links Richtung Neubeuern ab, und noch bevor wir das Dorf erreichen, geht es rechts den Samerberg hinauf.

ÜBER DEN SAMERBERG INS CHIEMGAU

Der **Samerberg** mit seinen lauschigen grünen Hügeln und den schmucken Dörfern ist ein kleines Hochplateau. Bewacht vom Hausberg der Rosenheimer, der **Hochries**, ist der Samerberg ein Geheimtipp für Wanderungen. Außerdem gibt es kleine Aussichtslogen, die uns weit in die Ebene blicken lassen. Aber auch ohne das Wohnmobil zu verlassen, kann man die herrliche Landschaft genießen, etwa wenn wir hinter **Grainbach** abwärts nach **Frasdorf** fahren und von dort **Aschau** ansteuern. Jetzt sind wir im Chiemgau angekommen, und die nächsten Tage werden von Wasser und Bergen geprägt sein. Wer möchte, besichtigt in Aschau das **Schloss Hohenaschau**. Wanderfreunde bringt eine Gondel hinauf zur **Kampenwand**. Ansonsten queren wir in Aschau die Prien, und weiter geht es zum Stellplatz nach **Bernau am Chiemsee**, der bei schönem Wetter zu einem längeren Aufenthalt verlockt.

BERNAU UND DER CHIEMSEE

Der **Chiemgau** ist eines der beliebtesten Urlaubsziele Deutschlands. Sein Wahrzeichen ist der große Chiemsee, auch liebevoll »bayerisches Meer« genannt. Daneben prägen die Berge und die vielen wilden Moore die Gegend. Das meiste Leben spielt sich rund um den **Chiemsee** ab, die nahen Bergtäler sind da schon um einiges ruhiger.

Bernau als Ausgangsort bietet eine gelungene Mischung aus beidem. Mit dem Fahrrad ist es unter der Autobahn hindurch nicht weit zum Ufer des Sees, eine Strecke, die man auch gut zu Fuß schaffen kann. Dort gibt es ein schönes **Strandbad**, und vom Bootsanleger verkehren Schiffe hinüber zur Herren- und zur Fraueninsel.

Die **Herreninsel** ist berühmt für das **Schloss von Ludwig II.**, welches er nach dem

Grainbach am Samerberg

Kiefersfelden
Inntal, Hechtsee, Wasserfälle, Berge, Kufstein
31 km

Grainbach/ Samerberg
Wandern, Hochries, Aussicht
16 km

Bernau am Chiemsee
Chiemsee, Inseln, Fahrradtouren
B305
25,4 km

Bevor das Sommergewitter über den Chiemsee hereinbricht, geht es für uns zurück ins sichere Wohnmobil.

Vorbild von Versailles erbauen ließ. 1878 war Baubeginn, mit dem Tod des Königs 1886 jedoch kam der Bau zum Erliegen. Ganz im Gegensatz zum Wunsch des Königs, der das Schloss für sich allein wollte, wurde es wenige Wochen nach seinem Tod für die Öffentlichkeit zur Besichtigung freigegeben – damals eine Sensation, und das ist das Bauwerk bis heute geblieben. Die fertiggestellten Räume, vor allem die große Spiegelgalerie, können mit einer Führung besucht werden. Die weitläufige Außenanlage mit ihren kunstvollen Brunnen ist frei zugänglich (herrenchiemsee.de).

Die **Fraueninsel** ist kleiner, aber umso malerischer. Glücksgefühle tauchen auf, wenn man sich mit dem Schiff dem Eiland nähert. Der **Campanile** mit seinem dicken Zwiebelturm weist auf das Kloster hin, in dem 857 die Heilige Irmengard wirkte und das noch immer eine **Benediktinerinnenabtei** ist. Die Klosterkirche geht auf die Zeit der Romanik zurück, wurde aber gotisch mit Gewölberippen überformt und später barock ausgestattet. Allein schon die ausgetretene Marmorschwelle in der Kirche weist auf die lange Geschichte hin.

Zwischen der Klosterkirche und dem Dorf steht die **Torhalle**. Sie stammt noch aus der Zeit von Herzog Tassilo, also aus dem 8. Jahrhundert, und ist wohl der älteste Steinbau Bayerns. Nach der Torhalle beginnt das **Fischerdorf**. Die alten Häuser mit ihren blumengeschmückten Gärten stehen alle dicht am Ufer und gehörten früher Fischern. Die gibt es heute noch, zusammen mit Kunstgewerbe, einer Töpferei, einer Bootswerft und sogar einer kleinen Brauerei. Na-

Fraueninsel mit dem Münster

Bernau ist ein perfekter Ausgangsort für die Erkundigung des Chiemsees.

Reit im Winkl
Dorf, Berge, Wandern, See, Winklmoosalm
B305
23,8 km

türlich gibt es auch Gastwirtschaften auf der Insel. Das Gasthaus Zur Linde, das Restaurant Inselwirt sowie der Klosterwirt haben die längste Tradition. Das Zentrum der Insel ist immer noch unbebaut, an der höchsten Stelle steht ein Hain aus sieben uralten Lindenbäumen. Ein Platz wie geschaffen, um sich noch mehr in die Insel zu verlieben.

Von Bernau aus führen herrliche **Radwege ins Rottauer Moos** oder durch die nahe **Kendlmühlfilzen** mit ihrem Torfbahnhof. Beides sind Naturjuwelen, deren Renaturierung viel Positives für die Flora und Fauna bewirkt hat. Wer kunsthistorisch noch etwas ganz Besonderes erleben möchte, besucht die kleine Kirche von **Urschalling**, die zwischen Bernau und Prien links auf einer Anhöhe liegt. Ihr Inneres ist überreich mit alten Fresken ausgeschmückt, darunter eine sehr seltene Darstellung der Dreifaltigkeit, die den Heiligen Geist als Frau zeigt.

ABSCHIED VOM SEE

Im nächsten Streckenabschnitt verlassen wir den Chiemsee und fahren wieder in die Berge. Auf der B305 geht es von Bernau nach Grassau und weiter nach **Marquartstein**, wo Familien den netten **Märchenpark** besuchen können (maerchenpark.de). Von dort folgen wir der Tiroler Ache noch ein Stück und biegen in Unterwössen links nach Reit im Winkl zu einem weiteren Stopp ab.

FREUNDLICHES REIT IM WINKL

Rund um **Reit im Winkl** weitet sich das Tal zu einem sonnigen Kessel. Der Begriff Winkl im Ortsnamen weist bereits auf die abgeschiedene Lage des Ortes hin. Früher lebten die Einheimischen vor allem von der Land- und Forstwirtschaft. Aber der Fremdenverkehr begann, wenn auch ganz zaghaft, bereits 1858, als der bayerische König Max II. den Ort

AUSFLUG

CHIEMSEE-RADRUNDE

Knapp 70 Kilometer muss man für die Umrundung des Chiemsees mit dem Fahrrad rechnen. Mit Abstechern zu Sehenswürdigkeiten kommen weitere Kilometer hinzu. Die Strecke verläuft jedoch fast völlig flach und ist deshalb sehr gut an einem Tag zu schaffen. Immer wieder erreicht man dabei tolle Badestrände, die zu einem erfrischenden Zwischenstopp einladen.

Ruhpolding liegt inmitten der Chiemgauer Berge.

im Zuge seiner Alpenwanderung besuchte. Inzwischen ist Reit im Winkl ein beliebter Urlaubsort und hat es trotz Tourismus geschafft, ein Dorf zu bleiben. Rund um die Pfarrkirche gibt es Gasthäuser und kleine Geschäfte, und überall bieten sich gut markierte Spazierwege für Erkundungen an. Längere Bergtouren wie auf das Wetterkreuz direkt über dem Ort oder im Gebiet der **Winklmoosalm** befriedigen auch Wanderer mit größeren Ansprüchen. Wer baden will, bekommt seinen Wunsch im Freibad oder im Hallenbad erfüllt, und sogar einen **Golfplatz** gibt es.

AUSFLUG

ZUR WINKLMOOSALM

Unweit von Reit im Winkl geht es in Seegatterl auf einer Mautstraße hinauf zu einem der schönsten Almplateaus in Bayern. Die Hochebene der Winklmoosalm bietet Natur, Erholung und Einkehrfreuden in idealer Harmonie. Im Sommer schweift der Blick über sanft hügelige, bunt blühende Almwiesen, und weiter oben ragen die Gipfel der Steinplatte und des Fellhorns auf. Die Mautstraße ist nur im Sommer passierbar. Im Winter fährt eine Gondelbahn hinauf ins Almparadies, das sich dann in ein Skiparadies verwandelt.

ÜBER DAS DREISEENGEBIET

Von Reit im Winkl geht es entlang der Schwarzlofer nach **Seegatterl** (Abzweigung zur Winklmoosalm) und weiter auf der B305 zum **Naturschutzgebiet Weitsee**. Dieses besteht eigentlich aus drei Seen: dem Weit-, dem Mitter- und dem Lödensee. Einst bildeten sie gemeinsam ein lang gezogenes Seebecken, das von den Kräften der Gletscherströme in der letzten Eiszeit ausgehobelt wurde. Doch im Laufe der Jahrtausende wurde der Weitsee durch Schuttströme, die sich von den umliegenden Bergen lösten, abgetrennt. Verschiedene Wasserläufe verbinden die Seenkette, und so entwickelte sich eine einzigartige Naturlandschaft. Es gibt dort einige Parkplätze, auf denen auch unsere großen Gefährte Platz haben, sodass wir das Gebiet gut erkunden können.

Wildromantisch geht es weiter. Die Berge rücken näher, und wir passieren das große **Biathlonstadion**, in dem jedes Jahr im Winter internationale Wettkämpfe ausgetragen werden. Kurz danach kommt die Abfahrt zum sehr sehenswerten **Holzknechtmuseum** im Ortsteil Laubau. Darin dreht sich alles um die Holzarbeit von einst bis heute. Es gibt ein großes Freilichtgelände, auf dem verschiedenste Holzfällerhütten ausgestellt sind.

Schließlich nähern wir uns Ruhpolding. Noch vor dem Ort liegt kurz hinter der Abzweigung nach Inzell unser Stellplatz, der an einen Campingplatz angeschlossen ist. Wer nicht in Ruhpolding nächtigen möchte, findet am Bahnhof für die Besichtigung einen großen Parkplatz.

MEHR ALS BIATHLON: RUHPOLDING

Ruhpolding ist als Biathlon-Veranstaltungsort bekannt, aber auch im Sommer macht es Spaß, durch die Dorfstraße zu schlendern.

Inzell vor dem Kienbergl und dem Rauschberg

Einige interessante Museen liegen in der Umgebung: das **Heimatmuseum im Schloss**, das Holzknechtmuseum in Laubau (siehe Seite 64) oder die **Glockenschmiede**. Eine wertvolle romanische Madonnenfigur beherbergt die **Pfarrkirche St. Georg**, die auf einem Hügel über das Dorf wacht. Von ganz weltlicher Kultur ist dagegen der Besuch des Bäckerei-Cafés Schuhbeck am großen Kreisverkehr oder des Cafés Windbeutelgräfin, dessen Name schon feinste Backwaren verspricht.

Zu viele Kalorien kann man bei einer Wanderung gleich wieder verbrennen, denn Ruhpolding besitzt sogar zwei Hausberge: den **Rauschberg** und den **Unternberg**. Auf beide fährt jeweils eine Bahn, doch vor allem auf den Unternberg kann man auch gut zu Fuß steigen. Auf den Rauschberg hingegen ist es ohne die Hilfe des Liftes eine tagesfüllende Bergtour.

Wer mit Kindern unterwegs ist, kann einen Tag für den Besuch des **Märchenparks** einplanen, ein riesiger Spaß für Groß und Klein. Den gibt es auch im **Vita Alpina Erlebnis- und Wellnessbad**, eine gute Adresse, um ganzjährig zu schwimmen, denn im Sommer ist das Bad gleichzeitig ein Freibad.

INZELL UND DAS MOOR

Der landschaftlich sehr reizvolle Streckenabschnitt von Ruhpolding nach **Inzell** ist kurz und verläuft weiter auf der B305, die ganz in der Nähe unseres Stellplatzes nach Osten führt. In Inzell finden wir am Campingplatz ebenfalls einen Stellplatz. Dort packen wir die Räder aus, um die Gegend zu erkunden. Eine Tour entlang des Soleleitungswegs durch das **Inzeller Moor** nach Siegsdorf ist wunderschön. Wer eine besondere Adresse

Ruhpolding
Seen, Dorf, Berge, Museen, Märchenpark
B305
11,6 km

Der Weitsee ist der größte See im Dreiseengebiet.

ROUTE 2

Auf dem Jenner erwarten uns Gipfel, Aussicht und ein tolles Almengebiet.

Inzell

Wandern, Moor B305

31,8 km

Ramsau im Berchtesgadener Land

B305

Berge, Gletscherschliff, See, Nationalpark

13 km

zum Essen sucht, wird im **Forsthaus Adlgaß** fündig, das am Ende einer Straße Richtung **Frillensee** liegt. Zu Fuß erkundet man den **Inzeller Moor-Erlebnis-Pfad**, besichtigt den schönen Kurpark oder auch die Eisschnelllaufbahn Max Aicher Arena. Einige nette Almen, in denen man einkehren kann, liegen nur einen Spaziergang entfernt. Für die **Kesselalm** oder die **Moaralm** müssen wir noch nicht einmal hoch hinauf auf den Berg.

Immer noch ein Geheimtipp: das Gasthaus Adlgaß bei Inzell

INS BERCHTESGADENER LAND

Von Inzell aus geht es südwärts, aber der nächste Stopp lohnt sich bereits kurz hinter dem ehemaligen Gasthaus Zwing. Dort liegt auf der linken Straßenseite der frei zugängliche **Gletschergarten**. Der Gletscheruntergrund des eiszeitlichen Saalach-Gletschers wurde beim Bau der Alpenstraße freigelegt. Vor gut 10 000 Jahren bedeckten 300 bis 400 Meter mächtige Eismassen das Tal. Heute führt ein Pfad am Rand der geologischen Besonderheit aufwärts und bringt uns ganz nah an dieses Naturdenkmal.

Weiter fahren wir bald durch das Straßendorf Weißbach. Ab dem Gasthof Mauthäusl rücken die Berge immer näher zusammen. Rechts tief unter uns rauscht die **Weißbachschlucht**, und kurz danach teilt sich die Straße. Geradeaus ginge es direkt nach Bad Reichenhall, wir wollen jedoch zuerst zum Hintersee und nach Berchtesgaden, und so

Idyllisch plätschert die Ramsauer Ache vor der kleinen Sebastianskirche im Ort Ramsau.

halten wir uns rechts und kommen nach **Schneizlreuth**, wo wir das Berchtesgadener Land erreichen. Der kleine Weiler ist berühmt durch das Volkslied »Die Schönheitskönigin« von Bally Prell, die einst als Sängerin auf den Münchener Bühnen gefeiert wurde.

Entlang der Saalach bleiben wir in **Unterjettenberg** der B305 treu, und es geht aufwärts zum Schwarzbachwachtsattel. Leider gibt es dort kaum Parkmöglichkeiten, denn sonst könnten wir uns die Beine bei einem Spaziergang zum bezaubernden **Taubensee** vertreten. In seinem Wasser spiegeln sich die Felswände der Reiter Alm, ein Anblick, den viele Künstler auf Gemälden verewigt haben.

Über zwei lange Kurven erreichen wir schließlich die **Ramsau** mit ihren verstreuten Höfen. Bekannt ist der Ort für seine **St.-Sebastian-Kirche** an der Ramsauer Ache, die so manches Kalenderblatt schmückt.

In der Ramsau können wir einen Abstecher nach rechts zum **Hintersee** erwägen. Er gehört zu den schönsten Bergseen Deutschlands, aber das wissen natürlich viele. Wer also an einem Wochenende anreist, wird kaum einen Parkplatz finden, und Stellplätze gibt es leider auch nicht. Vom Hintersee aus kann man ins **Klausbachtal** wandern und dabei eines der Informationszentren des **Nationalparks Berchtesgadener Land** besuchen.

Wer den Trubel am Hintersee scheut, fährt gleich weiter nach **Berchtesgaden**, wobei es dort meist nicht wirklich ruhiger ist. Aber wir sind nun mal im **Reich des Watzmanns und des Königssees**, wo die Natur großzügig ihr Füllhorn verstreut hat. Das wollen viele sehen. Wer länger bleiben möchte, steuert den Campingplatz in der Schönau an, doch es gibt auch einen Stellplatz, der allerdings leider ein gutes Stück außerhalb der Gemeinde liegt (siehe »Praktische Hinweise«).

AUSFLUG

DURCH DEN ZAUBERWALD ZUM HINTERSEE

Zum Hintersee führt ab der Ramsau einer der schönsten Wanderwege Bayerns. Absolut herrlich geht es dabei entlang der Ramsauer Ache durch einen wahren Zauberwald, der mit wilden vermoosten Felstrümmern, die von einem Bergsturz stammen, gespickt ist. Im Hintersee liegen kleine, von Tannen bewachsene Felsinseln, und im Wasser spiegeln sich die Wände des Hochkalters. Zur Stärkung gibt es zahlreiche Einkehrmöglichkeiten.

Den krönenden Abschluss der Reise bildet die Schifffahrt über den Königssee zur Wallfahrtskirche St. Bartholomä vor der Watzmann Nordwand.

IN UND UM BERCHTESGADEN

Der Hauptort ist sowohl vom Stellplatz als vom Campingplatz gut mit öffentlichen Verkehrsmitteln zu erreichen. Wer in **Schönau** stationiert ist, kann die 3,5 Kilometer auch rasch mit dem Fahrrad bewältigen. Rundum von Bergen umgeben, ist **Berchtesgaden** »nur« eine Marktgemeinde, obwohl es einst sogar ein reichsunmittelbares geistliches Fürstentum war.

Berchtesgaden entwickelte sich aus einem Kloster, das 1102 gegründet wurde. Natürlich warfen die Fürsten der Umgebung ein Auge auf das kleine Land. Erfolglos, denn Berchtesgaden hatte reiche Einkünfte aus der **Salzgewinnung**. In den umliegenden Bergen gab und gibt es wichtige Salzvorkommen, die schon in der Keltenzeit genutzt wurden. Salz war früher sehr wertvoll und galt als weiße Gold. So konnte man sich in Berchtesgaden eine ungewöhnlich gute militärische Verteidigung und überdies die kostspielige Vertretung des Landes im Reichstag leisten. Das ging bis zur Säkularisation 1803 gut, dann kam nach einigem Hin und Her Berchtesgaden zu Bayern, und dabei ist es bis heute geblieben.

Die Salzgewinnung trägt nach wie vor zum Wohlstand des Berchtesgadener Landes bei, die Branche ist der größte Arbeitgeber. Dazu kommt natürlich der Tourismus, der schon zu Beginn des 20. Jahrhunderts einsetzte. Einen netten Nebenerwerb brachte die **Berchtesgadener War**, das sind kleine Holzschnitzereien oder auch Spanschachteln, die liebevoll bemalt sind. Sie wurden früher vor allem von den Bauern im Winter als Zubrot gefertigt. Heute erhält man sie in den Souvenirläden in der Altstadt.

AUSFLUG

SALZBERGWERK UND HAUS DER BERGE

Ein Ausflug in das Salzbergwerk in Berchtesgaden, das in der Bergwerkstraße 83 und direkt an der Berchtesgadener Ache liegt, lohnt sich nicht nur bei schlechtem Wetter. Bei einer spannenden Führung dreht sich alles um das weiße Gold, das Salz, das der Gegend zu Wohlstand verhalf. Ebenfalls sehr sehenswert ist das neu gestaltete Museum Haus der Berge des Berchtesgadener Nationalparks. Modern und interaktiv vereint es perfekt Informationszentrum, Bildungszentrum und Erlebnisgelände (haus-der-berge.bayern.de).

Berchtesgaden liegt im südöstlichen Zipfel Bayerns.

Sehenswert ist das ehemalige **Kloster**, das, ähnlich wie am Tegernsee, den Wittelsbachern als Sommerschloss diente. Sie haben bis heute darin Wohnrecht, aber der Großteil wird als Museum genutzt. Besichtigen sollte man auch die **Kirche mit ihrem stillen Kreuzgang**. Mit Humor betrachtet man das freskierte **Affenhaus** in der Fußgängerzone, und mit Genuss betritt man das Bräustüberl in der Bräuhausstraße, wo man Schweinsbraten mit einer reschen Bierkruste serviert bekommt. Natürlich spielt auch die jüngere Vergangenheit eine Rolle in Berchtesgaden. So ist der **Obersalzberg** mit seiner Dokumentation über das Führersperrgebiet während des Nationalsozialismus ein informatives Ausflugsziel, ebenso wie der Besuch des Kehlsteinhauses. Zu Letzterem können wir wandern oder werden mit Shuttlebussen hinaufgefahren.

KÖNIGSSEE MIT BARTHOLOMÄ, WATZMANN UND JENNER

Eine Bootsfahrt über den berühmten **Königssee** zur **Kirche St. Bartholomä** darf man sich im Berchtesgadener Land natürlich nicht entgehen lassen. Wer kann, versucht eines der ersten Schiffe zu erwischen, denn morgens ist zum Glück noch wenig los. Das Trompetenspiel des Kapitäns mitten auf dem See ist ohne großen Ausflugsrummel wirklich magisch, und das Postkartenmotiv der Wallfahrtskirche St. Bartholomä mit dem dahinter aufragenden **Watzmann** gehört uns fast allein.

In St. Bartholomä spazieren wir auf dem Eiskapellenweg zur Kapelle St. Johann und Paul. Wilder wird es, wenn wir noch weiter bergauf bis zur Eiskapelle steigen (Trittsicherheit erforderlich!). Diese liegt am Fuße der Watzmann-Ostwand und ist eine durch

Berchtesgaden
Salzbergwerk, Schloss, Königssee, Watzmann, Obersalzberg
B20
21,4 km

Im Gelände der Alten Saline von Bad Reichenhall sind heute ein Museum, ein Restaurant und ein Kulturzentrum untergebracht.

Lawinen verursachte Schneehöhle, aus der der Eisbach fließt.

Alternativ zum Königssee bringt uns die **Jennerbahn** in Schönau hinauf auf 1800 Meter bis kurz unter den Jennergipfel. Oben erwartet uns neben der Jenneralm ein unvergleichbarer Panoramablick über den Nationalpark Berchtesgaden und auf den Königssee.

Für die letzte Etappe dieser Alpentour fahren wir von Berchtesgaden auf der B20 nach Norden. Es geht durch Bischofswiesen nach Bayerisch Gmain und schließlich nach **Bad Reichenhall**, wo wir einen schönen Stellplatz direkt an der Therme finden.

DIE SALZSTADT BAD REICHENHALL

»Hal« war eine alte Bezeichnung für Salz. Übersetzt man den Namen »Reichenhall« in »Reiche Salzstadt«, so liegt man wohl nicht falsch. Das Salz und die Saline haben den Ort schon immer bestimmt. Wenn auch inzwischen die **Saline** in ein modernes Industriegebäude verlegt wurde, so dominiert der Vorgängerbau noch immer den Ort. Er wurde nach dem Stadtbrand von 1834 errichtet, König Ludwig I. sorgte für den großzügigen Neubau. Obwohl seit 1929 in dieser Saline kein Salz mehr gesotten wird, sind alle Anlagen funktionsfähig und können im Rahmen einer Führung besichtigt werden.

Der Kurbetrieb und damit auch der Tourismus begann in Reichenhall 1846, doch erst 1890 wurde dem Ortsnamen das Wort »Bad« hinzugefügt. Dazu war natürlich ein **Kurpark** vonnöten, den die Reichenhaller bereits 1868 von dem Hofgärtner Carl von Effner anlegen ließen. Er ist noch heute die grüne Lunge der Stadt. Das interessanteste Gebäude im Park ist das **Gradierwerk** zur Salzgewinnung. Es besteht aus einem riesigen Stapel aus Reisigbündeln, durch den langsam die Salzsole tropft. Dabei verdunstet Wasser, die Sole konzentriert sich und kann unter geringerem Aufwand eingedampft werden. Der angenehme Nebeneffekt ist, dass die Luft in der

Das alte Rathaus fiel dem Brand von 1834 zum Opfer; es wurde 1851 mit neogotischen Elementen wieder aufgebaut.

Bad Reichenhall

Therme, Saline, Kurpark

Ziel

Umgebung nicht nur sehr feucht ist, sondern auch Spuren von Salz enthält – eine Wohltat für Menschen mit Atemwegserkrankungen.

Wandert man vom Kurpark nach Süden, passiert man den **Rathausplatz** mit dem **Wittelsbacherbrunnen** in der Fußgängerzone. Wer möchte, kann die **Konditorei Reber** besuchen, die für ihre Mozartkugeln bekannt ist. Über den Dächern der Stadt kann man übrigens im Café-Restaurant des Kaufhauses Juhasz in der Ludwigstraße essen, ein echter Geheimtipp! Schön ist zudem der Abstecher in die Oberstadt mit ihren malerischen Bürgerhäusern zum **Floriniplatz**. Am Ende der Altstadt erreicht man über die Saalachbrücke die Talstation der **Predigtstuhlbahn** – ein weiterer Höhepunkt in Bad Reichenhall, führt doch die älteste im Original erhaltene Großkabinenbahn der Welt auf den Reichenhaller Hausberg.

AUSFLUG

ABSTECHER INS NAHE SALZBURG

Die hübsche Mozartstadt an der Salzach ist mit dem Zug ab Bad Reichenhall in gut 35 Minuten zu erreichen. So gestaltet sich ihr Besuch bequem und komfortabel – ohne jegliche Parkplatzprobleme. Für eine Besichtigung der Altstadt samt der Festung Hohensalzburg, dem Dom und dem Schloss Mirabell sollte man mindestens einen ganzen Tag veranschlagen (salzburg.info).

PRAKTISCHE HINWEISE

TOURISTINFORMATIONEN

Touristinformation Lindau
Alfred-Nobel-Platz 1, 88131 Lindau (Bodensee), Tel. 08382/889 99 00, lindau.de

Touristinformation Immenstadt
Seestr. 10, 87509 Immenstadt, Tel. 08323/99 88 77, stadt-immenstadt.de

Touristinformation Kempten
Rathausplatz 24, 87435 Kempten, Tel. 0831/960 95 50, kempten-tourismus.de

Touristinformation Sonthofen
Rathausplatz 1, 87527 Sonthofen, Tel. 08321/61 52 91, tourismus-sonthofen.de

Touristinformation Oberstdorf
Prinzregenten-Platz 1, 87561 Oberstdorf, Tel. 08322/70 00, oberstdorf.de

Touristinformation Kleinwalsertal
Walserstr. 264 a, A-6992 Hirschegg, Tel. 0043/5517/511 40, kleinwalsertal.com

Touristinformation Bad Hindelang
Unterer Buigenweg 2, 87541 Bad Hindelang, Tel. 08324/89 20, badhindelang.de

Touristinformation Nesselwang
Hauptstr. 20, 87484 Nesselwang, Tel. 08361/92 30 40, nesselwang.de

Touristinformation Füssen
Kaiser-Maximilian-Platz 1, 87629 Füssen, Tel. 08362/938 50, fuessen.de

Touristinformation Oberammergau
Eugen-Papst-Str. 9 a, 82487 Oberammergau, Tel. 08822/922 74 40, ammergauer-alpen.de

Touristinformation Garmisch-Partenkirchen
Richard-Strauss-Platz 2, 82467 Garmisch-Partenkirchen, Tel. 08821/18 07 00, gapa.de

Touristinformation Mittenwald
Dammkarstr. 3, 82481 Mittenwald, Tel. 08823/339 81, alpenwelt-karwendel.de

Touristinformation Kochel am See
Bahnhofstr. 23, 82431 Kochel am See, Tel. 08851/338, zwei-seen-land.de

Touristinformation Benediktbeuern
Prälatenstr. 3, 83671 Benediktbeuern, Tel. 08857/248, benediktbeuern.de

Touristinformation Bad Tölz
Max-Höfler-Platz 1, 83646 Bad Tölz, Tel. 08041/786 70, bad-toelz.de

Touristinformation Tegernsee
Hauptstr. 2, 83684 Tegernsee, Tel. 08022/92 73 80, tegernsee.com

Touristinformation Schliersee
Perfallstr. 4, 83727 Schliersee, Tel. 08026/606 50, schliersee.de

Touristinformation Bayrischzell
Kirchplatz 2, 83735 Bayrischzell, Tel. 08033/648, bayrischzell.de

Touristinformation Kiefersfelden
Rathausplatz 5, 83088 Kiefersfelden, Tel. 08033/97 65 27, tourismus-kiefersfelden.de

Touristinformation Bernau
Aschauer Str. 10, 83233 Bernau am Chiemsee, Tel. 08051/986 80, bernau.de

Touristinformation Reit im Winkl
Dorfstr. 38, 83242 Reit im Winkl,
Tel. 08640/800 20, reitimwinkl.de

Touristinformation Ruhpolding
Bahnhofstr. 8, 83324 Ruhpolding,
Tel. 08663/880 60, ruhpolding.de

Touristinformation Berchtesgaden-Königssee
Königsseer Str. 2, 83471 Berchtesgaden,
Tel. 08652/65 65 07 00, berchtesgaden.de

Touristinformation Bad Reichenhall
Wittelsbacherstr. 15, 83435 Bad Reichenhall, Tel. 08651/71 51 10, bad-reichenhall.de

CAMPING- UND STELLPLÄTZE

S 200 **Wohnmobilstellplatz Lindau Hartplatz Zech** (S. 166/A5)
Immanuel-Kant-Str. 25,
88131 Lindau (Bodensee)
GPS: 47.54265, 9.73018
Der Stellplatz für Wohnmobile wurde nach Lindau-Zech verlegt. Leider wenig Schatten und etwas teuer. Aber von dort ist es nicht weit zur neuen Therme oder in den Sputnik-Park. Bequeme Busverbindung in die Lindauer Altstadt oder mit dem Fahrrad in knapp 4 km. Der Platz ist gut über die Autobahnausfahrt Lindau, geradeaus über den Kreisverkehr und weiter auf der Bregenzer Straße zu erreichen.

C 201 **Campingpark Gitzenweiler Hof** (S. 166/A5), Gitzenweiler 88,
88131 Lindau (Bodensee),
Tel. 08382/949 40,
gitzenweiler-hof.de
GPS: 47.584486, 9.704803
Der Platz liegt nördlich von Lindau an einem kleinen See. Er ist ideal für Wohnmobilfahrer, die Entspannung suchen und dennoch Lindau nicht versäumen wollen. Per Bus oder Fahrrad nach Lindau.

C/S 202 **Park-Camping Lindau** (S. 166/A5), Fraunhofer Str. 20,
88131 Lindau (Bodensee),
Tel. 08382/889 99 99, park-camping.de
GPS: 47.537910, 9.731257
Vor dem Platz gibt es noch Stellplätze für Wohnmobile. Nach Lindau fährt man bequem mit dem Bus oder dem Fahrrad (4 km). Der Campingplatz liegt direkt am See, was traumhafte Sonnenuntergänge verspricht.

S 203 **Wohnmobilstellplatz Immenstadt** (S. 166/B5), Am Viehmarktplatz,
87509 Immenstadt, Tel. 08323/99 88 77
GPS: 47.56190, 10.20850
Großer Parkplatz an der Konstanzer Ach, westlich der Altstadt. Frischwasser und Grauwasserentsorgung, WC vorhanden. Zu Fuß knapp 15 Minuten ins Zentrum.

C 204 **Alpsee Camping Allgäu** (S. 166/B5)
Seestr. 25, 87509 Immenstadt,
Tel. 08323/77 26, alpsee-camping.de
GPS: 47.57262, 10.19315
Direkt am Großen Alpsee gelegen, ideal für eine Auszeit am Wasser.

S 205 **Wohnmobilstellplatz Illerstadion Kempten** (S. 166/C4)
Jahnweg 12, 87437 Kempten
GPS: 47.72954, 10.31925
Der Stellplatz am Fußballstadion auf der östlichen Illerseite ist zwar für eine Stadt wie Kempten klein, aber ideal, wenn man die Innenstadt besuchen möchte. Entsorgung und Wasserzapfstelle sind vorhanden.

S 206 **Wohnmobilstellplatz Sonthofen** (S. 166/C5), Sinwagstr. 3–1, 87527 Sonthofen
GPS: 47.504406, 10.277233
Einfacher Stellplatz, vom Parkplatz abgetrennt, ohne Ver- oder Entsorgungsmöglichkeit. Für eine Erfrischung ist das Freibad Wonnemar in unmittelbarer Nähe, ins Zentrum etwa 15 Minuten zu Fuß.

C 207 **Campingplatz IllerCamping** (S. 166/C5), Sinwagstr. 2, 87527 Sonthofen,
Tel. 08321/23 50, tourismus-sonthofen.de
GPS: 47.50598, 10.27374
Der einfache Campingplatz liegt neben dem Wohnmobilstellplatz. Er bietet sich für Radtouren entlang der Iller an.

S 208 **Wohnmobilstellplatz Oberstdorf** (S. 166/C6), Hermann-von-Barth-Str. 9, 87561 Oberstdorf, Tel. 08322/180, wohnmobilstellplatz-oberstdorf.de
GPS: 47.408236, 10.285241
Der große, ruhige Stellplatz für 150 Mobile liegt zentrumsnah auf einem ehemaligen Betriebsgelände. Teils asphaltierter, teils geschotterter Untergrund. Modernes Sanitärgebäude mit Duschen und Toiletten.

C 209 **Campingplatz Rubi-Camp** (S. 166/C6), Rubinger Str. 34, 87561 Oberstdorf, Tel. 08322/95 92 02, rubi-camp.de
GPS: 47.423982, 10.279079
Der sonnige Campingplatz mit großzügigen grünen Parzellen liegt etwas außerhalb von Oberstdorf an der Trettach, unweit des Illerursprungs. Mit dem Fahrrad gelangt man auf herrlichen Radwegen ins Ortszentrum.

C 210 **Alpencamping Haller** (S. 166/B6) Köpfleweg 10 a, A-6991 Riezlern, Tel. 0043/5517/53 43, camping-haller.at
GPS: 47.356604, 10.187283
Der kleine Platz liegt unweit der Kanzelwandbahn und nur wenige Schritte von der Dorfmitte entfernt. Bei Übernachtung gibt es die Gästekarte. So nützen wir kostenfrei den Walserbus, der im 10-Minuten-Takt durch das Tal fährt, und auch die Benutzung der Bergbahnen ist inkludiert.

C 211 **Camping Vorderboden** (S. 166/B6) Vorderboden 1, A-6993 Mittelberg, Tel. 0043/5517/61 38, camping-vorderboden.at
GPS: 47.312298, 10.133676
Die traumhaft schöne Lage neben der Breitach verführt dazu, länger zu bleiben. Die unmittelbare Gastronomie-Infrastruktur ist allerdings gering, deshalb besser für Wohnmobilisten geeignet, die sich gern selbst versorgen.

S 212 **Wohnmobilstellplatz Parkplatz Bärgunt** (S. 166/B6)
Baad 1, A-6993 Baad, kleinwalsertal.com
GPS: 47.309185, 10.121355
Der große Wanderparkplatz bietet auch gebührenpflichtige Stellplätze für Wohnmobile. Traumhaft ruhige Lage am Talende unweit der Breitach, sehr gut zum Wandern geeignet. Keine Ver- oder Entsorgungsmöglichkeiten.

S 213 **Wohnmobilpark Hotel Wiesengrund** (S. 166/C5), Ostrachstr. 23, 87541 Bad Hindelang, Tel. 08324/22 19, wohnmobil-stellplatz-hindelang.de
GPS: 47.499703, 10.372333
30 Stellplätze nahe einem Bach und unweit der Imberger-Horn-Bahn, vorab über ein Kontaktformular im Internet buchbar. Es gibt Toiletten und Duschen mit Fußbodenheizung. Ein schönes Freibad liegt ganz in der Nähe.

S 214 **Wohnmobilstellplatz am Buron** (S. 166/C5), Grüntenseestr. 44, 87497 Wertach, Tel. 08365/70 35 36, buron-skilifte.de
GPS: 47.610972, 10.448709
Großer Platz fußläufig zu den Badestellen am Grüntensee. Trotz Straßennähe relativ ruhig. Direkt gegenüber dem Spielepark, deshalb perfekt für Familien mit Kindern.

S 215 **Wohnmobilstellplatz Nesselwang** (S. 166/C5), An der Riese, 87484 Nesselwang
GPS: 47.620014, 10.497707
Ein riesengroßer Stellplatz für gut 60 Wohnmobile. Wohnwagen oder Zelte sind nicht gestattet. Frischwasser kostenlos, Abwasserstation an der Ostseite des Wertstoffhofes. Ins Zentrum weniger als 10 Minuten Fußweg. Direkt am Parkplatz ist die Talstation der Alpspitzbahn, die Auffahrt lohnt sich schon allein wegen der tollen Aussicht.

S 216 **Wohnmobilstellplatz Camper's Stop** (S. 166/D5), Abt-Hafner-Str. 9, 87629 Füssen, Tel. 08362/94 01 04, wohnmobilplatz.de
GPS: 47.58229, 10.70100
Der geschotterte Platz liegt im Norden von Füssen in einem kleinen Gewerbegebiet mit Einkaufsmöglichkeiten. Die Altstadt (2 km)

erreicht man am besten mit dem Fahrrad oder zu Fuß in ca. 30 Minuten. Zum Festspielhaus sind es nur 15 Minuten zu Fuß.

C 217 **Camping Brunnen** (S. 166/D5)
Seestr. 81, 87645 Schwangau/Brunnen,
Tel. 08362/8273, camping-brunnen.de
GPS: 47.59725, 10.73690
Der Fünf-Sterne-Platz liegt auf einer Halbinsel direkt am Forggensee. Idyllischer geht es fast nicht! Von dort radelt man fast völlig verkehrsberuhigt entlang des Sees in die Altstadt. Nahe am Platz ist eine Anlegestelle der Forggensee-Schifffahrt.

C/S 218 **Stell- und Campingplatz Oberammergau** (S. 167/E5)
Ettaler Str. 56 b, 82487 Oberammergau,
Tel. 08822/94105,
campingpark-oberammergau.de
GPS: 47.58999, 11.07054
Der Campingplatz bietet für eine Nacht Stellplätze an. Wer länger bleiben will, benützt den Campingplatz. Morgendlicher Semmeldienst on top.

S 219 **Wohnmobilstellplatz Wankbahn**
(S. 167/E5), Wankbahnstr. 2,
82467 Garmisch-Partenkirchen,
Tel. 08821/9677805, alpencamp-gap.de
GPS: 47.50447, 11.10729
110 Stellplätze für Fahrzeuge aller Größen, fast jeder Platz besitzt einen Stromanschluss. Direkt vom Stellplatz fährt ein Shuttlebus kostenlos ins Ortszentrum oder zu den Skigebieten.

C 220 **Camping Resort Zugspitze**
(S. 167/E5), Griesenerstr. 9, 82491 Grainau,
Tel. 08821/9439115, perfect-camping.de
GPS: 47.477619, 11.051791
Der ganzjährig geöffnete Campingplatz bietet Fünf-Sterne-Luxus vor allem für Wohnmobilisten. Die top ausgestatteten Stellplätze mit Ver- und Entsorgungssäulen und auf Wunsch mit Privatbad verführen zu einem längeren Aufenthalt. Der Preisunterschied zu einem reinen Stellplatz ist gar nicht so groß, wenn man bedenkt, dass man all die Annehmlichkeiten des Platzes mitbenutzen kann. So gibt es einen Sauna- und Wellnessbereich, ein Bistro, Ski- und Trockenräume, kostenlosen Skishuttlebus, nicht zu vergessen WLAN, aber auch Hundedusche oder Kinderspielplatz.

Der Alpen-Caravanpark Tennsee bietet Aussichten auf das Karwendel. (S 222)

Aufwachen mit Zugspitzblick – das gibt es vom Stellplatz an der Wankbahn. (S 219)

Direkt am Walchensee liegt auch der Campingplatz Walchensee. (campingwalchensee.de, GPS: 47.582480, 11.310377)

S 221 Wohnmobilstellplatz Karwendel (S. 167/E6), Albert-Schott-Str. 35, 82481 Mittenwald, Tel. 08823/5216, karwendelstellplatz.de
GPS: 47.43791, 11.26424
Der Platz bietet Stromanschluss, Wasserver- und -entsorgung. 5 Minuten Fußweg zum Ortszentrum und zur Talstation der Karwendelbahn. Weil der Platz direkt an der Bahn liegt, ist mit etwas Ruhestörung durch die Züge zu rechnen.

S 222 Alpen-Caravanpark Tennsee (S. 167/E5), Am Tennsee 1, 82494 Krün, Tel. 08825/170, camping-tennsee.de
GPS: 47.490396, 11.255034
Der ganzjährig geöffnete Wohnmobilstellplatz ist mit jedem erdenklichen Komfort ausgestattet. So gehört zu jeder Parzelle eine eigene Grünfläche, Dusch- und Sanitäreinrichtungen sind genauso vorhanden wie Strom- und sogar Gasanschlüsse. Der Caravanpark ist an einen Campingplatz angeschlossen.

S 223 Nachtparkplatz Einsiedel am Walchensee (S. 167/F5)
Einsiedl, Mautstraße, 82432 Jachenau, nachtparkplatz-einsiedl.de
GPS: 47.569460, 11.302605
Der Nachtparkplatz liegt im Weiler Einsiedl am Südufer des Walchensees.

C 224 Campingplatz Renken (S. 167/F5)
Mittenwalder Str. 106,
82431 Kochel am See,
Tel. 08851/615505, campingplatz-renken.de
GPS: 47.63960, 11.35420
Ein wunderschön gelegener Platz mit eigenem Badestrand, nur die vorderen Plätze in Straßennähe sind etwas lauter.

S 225 Wohnmobilstellplatz Benediktbeuern (S. 167/F4)
Schwimmbadstr. 37,
83671 Benediktbeuern, Tel. 08857/248
GPS: 47.697984, 11.416357
Der kleine Stellplatz (15 Plätze, geöffnet April bis Oktober) liegt direkt in der Nähe des Alpenwarmbades Benediktbeuern, in das auch eine Pizzeria integriert ist.

S 226 Wohnmobilstellplatz Bad Tölz (S. 167/F4), Königsdorfer Str. 67,
83646 Bad Tölz
GPS: 47.76311, 11.55045
Frischwasser und Entsorgung an der Einfahrt. Der in der Nacht überraschend ruhige Platz liegt direkt an der Isar und ist 10 Minuten von der romantischen Altstadt entfernt.

Links: Der Bad Tölzer Stellplatz ist nur durch einen Grünstreifen und einen Fußgängerweg von der Isar getrennt. (S 226)

Rechts: Der Stellplatz am Spitzingsee ist bei schönem Wetter deutlich voller. (S 229)

S 227 Stellplatz Ferienpark-Tegernsee, Oedberg (S. 167/G4)
Angerlweber 3, 83703 Gmund am Tegernsee, Tel. 08022/66 53 86, oedberg-camper-stellplatz.business.site
GPS: 47.74443, 11.77280
Ein gutes Stück abseits vom Tegernsee direkt an einer Sommerrodelbahn gelegen. Nette Einkehrmöglichkeit vor Ort. Etwas schiefe Stellflächen, aber Stromanschluss, Frischwasser und Abwasserversorgung.

C 228 Camping Schliersee (S. 167/G4)
Westerbergstr. 27, 83727 Schliersee, Tel. 08026/929 89 98, camping-schliersee.de
GPS: 47.72811, 11.85098
Stellplätze direkt am Schliersee gelegen, zum Zentrum geht es auf einem gut 20-minütigen Fußweg, dort zahlreiche Gaststätten und Cafés.

S 229 Reisemobilstellplatz Spitzingsee (S. 167/G5), Spitzingstraße, 83727 Spitzingsee
GPS: 47.665778, 11.888156
Herrlicher Stellplatz etwas erhöht am Seeufer gelegen. Tolle Aussicht auf die umliegenden Berge. Entsorgung für Toilette und Grauwasser vorhanden. Kein Strom und keine sanitären Anlagen. Achtung: An Wochenenden wird manchmal in der nahen Disco lange gefeiert. Da ist es leider nicht ruhig. Also entweder mitfeiern oder Ohrenstöpsel mitbringen. Einkaufsmöglichkeiten nur im Tal, Restaurants in Fußnähe.

S 230 Wohnmobilstellplatz Bayrischzell (S. 167/G5), Seebergstraße, 83735 Bayrischzell, Tel. 08023/648
GPS: 47.67194, 12.01013
Servicestation und Strom vorhanden. Ideal auch für eine Seilbahnfahrt auf den Wendelstein. Die gute Bäckerei Butz liegt gleich auf der anderen Straßenseite.

S 231 Wohnmobilstellplatz Kiefersfelden (S. 167/H5), Bahnhofstr. 40, 83088 Kiefersfelden, Tel. 08833/97 65 27
GPS: 47.61106, 12.19207
Servicestation und Strom vorhanden. Für eine Nacht geeignet, durch die benachbarte Bahn relativ laut. Ganz in der Nähe das S. 168/Restaurant Hotel zur Post oder das Restaurant Zentrum.

Links: Ein schattiges Plätzchen findet sich meist am Stellplatz des Oedbergliftes, der 2021 sogar vergrößert wurde. (S 227)

Rechts: In Bayrischzell nächtigt man am Fuß des Seebergs. (S 230)

Sonnig steht man in Mittenwald am Stellplatz am Bahnhof. (S 221)

Der Stellplatz in Kiefersfelden liegt in einer Nebenstraße an der Bahn. (S 231)

S 232 **Wohnmobilpark am Tenniszentrum** (S. 168/A4), Buchenstr. 17, 83233 Bernau, Tel. 08051/88 22, tenniszentrum-bernau.de
GPS: 47.80997, 12.38187
Der ruhige Platz ist ganzjährig geöffnet und liegt etwa 15 Gehminuten vom Ortszentrum entfernt. Die Übernachtungsgebühr beinhaltet Dusche und Frischwasser. Ein Gasthaus mit Biergarten ist angeschlossen.

S 233 **Wohnmobilpark Reit im Winkl** (S. 168/A5), Am Waldbahnhof 7, 83242 Reit im Winkl, Tel. 0160/90 73 75 78, wohnmobilpark-reitimwinkl.com
GPS: 47.670188, 12.485099
Einfacher, aber großer Platz, sehr ruhig abseits des Ortszentrums an der Lofer gelegen. Frischwasser und Entsorgung, teilweise Strom.

C/S 234 **Stell- und Campingplatz Ortnerhof** (S. 168/B4)
Ort 5, 83324 Ruhpolding, Tel. 08663/17 64, camping-ruhpolding.de
GPS: 47.74261, 12.66332
Wer nur eine Nacht bleiben möchte, parkt unweit der Straße auf einem reinen Stellplatz. Trotzdem wird es nachts nicht sehr laut.

C/S 235 **Stell- und Campingplatz Lindlbauer** (S. 168/B4)
Kreuzfeldstr. 44, 83334 Inzell, Tel. 08665/928 99 88, camping-inzell.de
GPS: 47.767336, 12.754048
Der sonnige Platz liegt unweit des Freibades und ist an den Campingplatz angeschlossen. Traumhafte Aussicht auf die Berge!

C 236 **Camping Grafenlehen** (S. 168/C5)
Königsseer Fußweg 71, 83471 Schönau am Königssee, Tel. 08652/655 44 88, camping-grafenlehen.de
GPS: 47.59493, 12.98620
Vom Campingplatz lassen sich bequem zu Fuß sowohl die Bootsanlegestelle am Königssee als auch die Jennerbahn erreichen. Zum Besuch von Berchtesgaden nimmt man am besten den Bus, denn Parkplätze vor allem für Wohnmobile sind im Ort Berchtesgaden rar.

S 237 **Reisemobilstellplatz Berchtesgaden-Oberau** (S. 168/C5)
Renothenweg 15, 83471 Berchtesgaden/Oberau, Tel. 08652/3161, reisemobilstellplaetze-berchtesgaden.de
GPS: 47.650482, 13.070396
Er liegt 8 km außerhalb des Ortes Berchtesgaden, die Zufahrt erfolgt über den Weißensteiner Weg. Der private Stellplatz hat eine schöne Aussicht. Strom, Toiletten und Entsorgungsmöglichkeit sind vorhanden.

S 238 **Wohnmobilpark an der Rupertus Therme** (S. 168/B4)
Hammerschmiedweg 1, 83435 Bad Reichenhall, Tel. 08651/762 20, rupertustherme.de
GPS: 47.73458, 12.87547
Ver- und Entsorgung, aber keine Sanitärgebäude. Ideal für ein oder zwei Nächte, wenn man sich Bad Reichenhall ansehen und vielleicht auch in der Therme ausspannen möchte.

Kurvig entpuppt sich die Fahrt über das Sudelfeld ins Inntal.

Großflächig ist der Campingplatz Lindlbauer in Inzell. (C/S 235)

3 IM GRENZGEBIET ZWISCHEN ALPEN UND DONAU

Von Bad Reichenhall nach Passau

Die Salzach bildet die Grenze zum Salzburger Land und zu Oberösterreich. Ihrem Lauf folgend, erkunden wir den Rupertiwinkel, der im Schatten des Chiemgaus steht, erleben alte Handelsstädte, die bedeutendste Wallfahrt in Bayern, einen modernen Kurort und die herrliche Dreiflüssestadt Passau. Uns erwartet Historisches, viel Kunst und Kultur, aber es verlocken auch herrliche Badeseen, Thermalbäder und mit Schönheit gesegnete Landschaften abseits der großen Touristenströme zum Entspannen. Eine Wellnesstour für Körper, Geist und Seele gleichermaßen.

Die Salzachbrücke mit ihren geschwungenen Brückenbögen wurde 1903 fertiggestellt.

STILLE NACHT IM GRENZGEBIET

Bad Reichenhall und seinen Stellplatz haben wir bereits in Tour 2 beschrieben. So folgen wir der B20 nach Norden. Kurz vor der Autobahn A8 lassen sich im Pidinger Gewerbegebiet Shoppingfreuden im kleinen Outletcenter ausleben. Ansonsten geht es geradeaus über die Autobahn, und wir folgen der B20 nach **Freilassing**. Eisenbahnliebhaber erkunden dort im Museum Lokwelt 150 Jahre Eisenbahngeschichte.

Weiter auf der B20, dauert es nicht lange und wir kommen nach **Laufen**. Die Grenzstadt liegt in einer **Flussschleife**, eine einzigartige geografische Lage, die den Zugang zur Stadt nur über eine relativ schmale Landbrücke erlaubt und früher eine Verteidigung leicht ermöglichte. Laufen lebte über 1000 Jahre lang gut vom Transport des Salzes, das, in Hallein gewonnen, auf der Salzach nach Norden transportiert wurde. Das Jahr 1866 bezeichnet das Aus für die Salzflößer, die Eisenbahn trat als unschlagbarer Konkurrent auf. Laufen fiel in eine Art Dornröschenschlaf, aus dem es erst durch den beginnenden Tourismus und erst recht durch den Wegfall der Grenz- und Zollkontrollen im Rahmen der EU wiedererweckt wurde.

Wie reich die Laufener Handelsherren einst waren, zeigt ein Rundgang durch die Altstadt. Es lohnt sich, einen Parkplatz zu suchen und durch das Obere Stadttor in die Altstadt abzubiegen. Die alten Handelshäuser sind wahre Paläste, die Pfarrkirche Mariä Himmelfahrt gilt als die größte **gotische Hallenkirche** Süddeutschlands. Das künstlerische Highlight der Kirche ist das Altarbild des Rupertusaltars von Johann Michael Rottmayr, der 1654 in Laufen geboren wurde.

Mit unserem Fahrzeug queren wir die Salzach auf einer der schönsten Brücken Deutschlands. Auf der anderen Seite sind wir in **Oberndorf im Salzburger Land**. Geradeaus geht es zur Salzburger Straße, in die wir links einbiegen. So kommen wir zur **Stille-Nacht-Kapelle**, wo das wunderbare Weihnachtslied von Franz Xaver Gruber und Josef Mohr uraufgeführt wurde (Parkplätze sind rar, lassen sich aber finden). Neben der Kapelle gibt es ein kleines Museum, und vom Flussufer haben wir einen schönen Blick zurück auf Laufen.

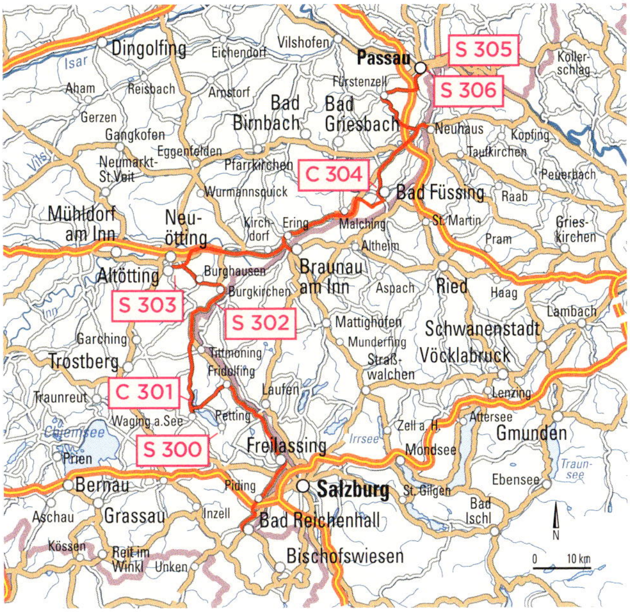

Grenzüberschreitend geht es zur Stille-Nacht-Kapelle nach Oberndorf.

ROUTE 3

START- UND ENDPUNKT
Bad Reichenhall und Passau

STRECKEN
überwiegend Landstraßen und Nebenstraßen

STRECKENLÄNGE
ca. 215 Kilometer

FAHRZEIT
4 Tage

BESTE JAHRESZEIT
April bis Oktober

Start
Bad Reichenhall
B20
29,5 km
Laufen
Altstadt, Salzachbrücke, Stille Nachtkapelle/ Oberndorf
B20
25 km

Gemütlich kehrt man in Fridolfing im Steinbergers Naschmarkt ein.

Waging am See/ Berchtesgaden

Seen, Baden, Bajuwarenmuseum

19 km

DURCH DEN RUPERTIWINKEL

Wir fahren zurück auf die bayerische Seite und weiter der B20 nach, bis wir sie an der Ausfahrt Fridolfing verlassen, um in das Dorf zu fahren. Wir sind nun im Rupertiwinkel, auch Rupertigau genannt, einem Landstrich zwischen Salzach und Saalach im Osten und dem Chiemgau im Westen. Der Name erinnert an den heiligen Rupertus, der im 6. Jahrhundert von Salzburg aus das Land christianisiert hat. Die Region gehörte ursprünglich zum Fürstbistum Salzburg, wurde aber im Rahmen der politischen Umwälzungen unter Napoleon Bayern zugeschlagen. Der Rupertiwinkel wird gern zum Chiemgau gezählt, was den Einheimischen meist nicht gefällt.

Fridolfing ist klein, besitzt aber eine markante neugotische Kirche. Kulinarisch ist **Steinbergers Naschmarkt** in der Hauptstraße sehr zu empfehlen. Ansonsten queren wir den Ort nach Westen und kommen über kleine Nebenstraßen zum **Waginger und Tachinger See**, die wir genau am Brückensteg in Tettenhausen erreichen. Zusammen sind die beiden Seen zwölf Kilometer lang und gehören zu den wärmsten Seen in Oberbayern. Bis vor 200 Jahren wurden sie meist nur Tachensee genannt, während sich heute für beide Seen eher der Begriff Waginger See durchsetzt.

Wer jetzt schon genug vom Fahren hat, findet rund um die Seen viele Camping- und Stellplätze (siehe »Praktische Hinweise«). Aber nicht nur zum Baden und Entspannen lohnt sich der Stopp. Mit den Rädern kann man die Seen leicht umrunden, oder man flaniert an der großen Uferpromenade zum **Strandkurhaus Waging am See**, in dem einst Alfons Schuhbecks Karriere begann.

Reich verziertes Bundwerk sieht man an vielen Bauernhöfen im Rupertigau.

Das **Dorf Waging** liegt etwas abseits des Sees. Es wurde zu bajuwarischer Zeit gegründet und lag an der wichtigen Salzstraße von Reichenhall nach Wasserburg. In Waging mussten die Fuhrleute übernachten, und das ließ den Ort aufblühen. Vom damaligen Wohlstand zeugen heute noch die überreiche Stuckausstattung der **Pfarrkirche St. Martin** und die prachtvollen Häuser in der Ortsmitte. Heute lebt die Stadt vornehmlich vom Tourismus. Für Besichtigungen ist neben der Pfarrkirche auch das **Bajuwarenmuseum** interessant. Es gibt zudem ein Vogelmuseum und das private Barockmuseum.

Bei einer Radtour am Waginger See können wir auch die kleine Wallfahrtskirche Maria Mühlberg über dem See besuchen.

Das Dorf Waging liegt etwas abseits des gleichnamigen Sees.

Über Tittmoning wacht die Burg.

Egal, ob wir nächtigen oder weiterfahren, am Westufer setzen wir die Tour nach Norden fort. Wir durchqueren Taching, wo wir einige prächtige Bauernhöfe mit stattlichem Bundwerk bewundern können, und anschließend geht es über Tengling und Wiesmühl nach **Tittmoning**, zurück an die Salzach.

REICHES TITTMONING

Für einen Altstadtspaziergang sollte man sich Zeit nehmen. Allein der prunkvolle, fast 300 Meter lange Stadtplatz mit dem historischen **Rathaus**, den Brunnen und den vielen bunten Häuserfassaden ist einen Besuch wert. In seiner Größe und Form blieb er seit der Stadtgründung 1234 unverändert. Auch die Stadtmauer ist in weiten Teilen noch gut erhalten. Über allem thront die geschichtsträchtige **Burg**. Der romantische Burghof ist frei zugänglich, im Inneren finden wir das **Museum Rupertiwinkel** mit seiner einzigartigen Sammlung von Schützenscheiben aus vier Jahrhunderten. Daneben zieht es Natur-

SPECIAL

STADTSCHICKSALE

Eines haben alle Städte an Inn und Salzach gemein: Ihre 1000-jährige Geschichte lässt sich kurz mit Aufstieg, Niedergang und erneutem Aufstieg beschreiben. Der Wohlstand beruhte auf dem Salz, das mit Schiffen über die Salzach nach Norden transportiert wurde. Diese Fracht ließ man sich teuer bezahlen, aber sie war immer noch billiger und auch schneller als die Fracht mit Fuhrwerken. So waren die zuständigen Schiffsmeister reiche Leute und ihre Häuser oft aufwendiger gebaut als die Schlösser vieler Adeliger. Mitte des 19. Jahrhunderts allerdings kam durch die Eisenbahnen der Schiffsverkehr fast völlig zum Erliegen, die Einnahmen brachen weg und Geld für Neubauten fehlte.
Die Städte blieben in ihrer alten Form erhalten und verfielen allmählich. In der Nachkriegszeit erkannte man ihren historischen Wert und begann mit einer behutsamen Sanierung. Heute ist wieder Leben in die Städte eingekehrt, die mit einer lebhaften Kunstszene und zahlreichen Cafés oft wahre Schmuckkästen sind.

Tittmoning
Stadtplatz, Burg
19 km
B20

Burghausen
Stadtplatz, Burg, Museum
14,5 km

liebhaber in den Ponlachgraben. Dieser grenzt an die Burg und an die Stadtmauer und ist wildromantisch schön mit seinen Quellen, dem Bach und der Wallfahrtskirche Maria Ponlach.

Weiter geht es auf der B20 in Richtung Burghausen. Kurz vor Burghausen biegen wir für einen Abstecher rechts ab und fahren hinunter zur ehemaligen **Prämonstratenserabtei Raitenhaslach**. Nicht nur der Biergarten lockt, sondern auch die barocke Klosterkirche St. Georg mit ihren reichen Deckenfresken. Die fröhlichen Putten auf den Bildern bevölkern den Kirchenhimmel. In die Klostergebäude, die aufwendig renoviert wurden, ist die Technische Universität München eingezogen, sie können deshalb nicht besichtigt werden.

Zurück auf der B20, sind wir dann schnell in **Burghausen**, der Stadt mit der längsten Burg Europas. Der Stellplatz liegt etwas außerhalb der Altstadt; wer nur tagsüber einen guten Parkplatz sucht, findet einen südlich der Altstadt und des Wöhrseebads beim Pulverturm (GPS: 48.155085, 12.824582) oder an der Messhalle/Unghauser Straße (nicht am Donnerstagvormittag, da ist Wochenmarkt).

RITTERLICHES BURGHAUSEN

Burghausen punktet natürlich mit seiner **herzoglichen Burg**, die sich mit 1051 Meter Länge als längste Burg der Welt bezeichnet. Sie ist, bis auf die Innenräume der Hauptburg, frei zugänglich. Ein Spaziergang durch die fünf **Burghöfe**, in denen heute noch an die 150 Bewohner leben, und ein Besuch der

Nur ein Bruchteil der Burghausener Burg lässt sich auf ein Foto bannen.

Die Salzach, hier vom Weilhardblick bei Raitenhaslach, begleitet uns lange auf dieser Route.

Links: Das Herz von Altötting schlägt am Kapellplatz.

Rechts: Zahlreiche Votivtafeln rund um die Gnadenkapelle erzählen von den Wundern.

herzoglichen Räume in der Hauptburg sind fast Pflicht, auch wenn wir dafür den Burgsteig hinaufgehen müssen.

Einmal im Jahr, immer am zweiten Wochenende im Juli, verwandelt sich das Burgareal in ein mittelalterliches Lager. Drei Tage lang haben beim **historischen Burgfest** Ritter, Knappen und Burgfräulein das Sagen. Aber natürlich gibt es auch jede Menge Gesinde, Gaukler und Handwerker in farbenfrohen Kostümen.

Den weiten **Stadtplatz** unterhalb der Burg mit der gewaltigen Stadtpfarrkirche **St. Jakob** und den schönen bunten Bürgerhäusern kann man am besten von einem der Straßencafés auf sich wirken lassen. Anschließend lässt man sich **In den Grüben**, der Fußgängerzone, in das Mittelalter versetzen. Einst boten dort Handwerker ihre Waren an, heute ist es ein »In-Viertel«, in dem neben Handwerkern auch versteckte Kneipen, Antiquariate, Galerien und Kunstgewerbegeschäfte zu finden sind.

Für Kunst und Kultur hat Burghausen das ganze Jahr über viel übrig. Der absolute Höhepunkt im Jahr ist die **internationale Jazzwoche** im Frühling, bei der die weltbesten Künstler aus der Jazzszene anreisen. Den Größten unter ihnen hat man nach ihren Auftritten Gedenkplatten in den Boden eingelassen. Wir finden sie in der Straße In den Grüben.

HALLELUJA UND EIN HEILIGTUM IN ALTÖTTING

Burghausen verlassen wir nach Norden, wobei wir auch die B20 verlassen, um nach **Altötting** zu fahren. Nordwestlich vom Stell- und Parkplatz, dem Dultplatz (siehe »Praktische Hinweise«), liegt der **Kapellplatz**, das geistige Zentrum von Altötting. Fast täglich kommen Wallfahrer, einzeln oder in Gruppen, um einen Gottesdienst zu feiern. Ihr Ziel ist die Gnadenkapelle mit der berühmten

Der Kirchplatz in Simbach am Inn wurde nach dem verheerenden Hochwasser 2016 neu gestaltet.

schwarzen Madonna. Bereits drei Jahre nach dem Bekanntwerden der ersten Wunder wurde der Kirchenbau um das Langhaus und den Umgang erweitert, den wir noch heute sehen.

Wer den dunklen Kapellenraum betritt, wird von der besonderen Aura in Bann gezogen. Der Hochaltar, ein Meisterwerk der barocken Goldschmiedekunst, birgt das Gnadenbild. Rechts davon fällt die lebensgroße Silberfigur auf. Sie stellt den bayerischen **Kurfürsten Max III. Josef** als Kind dar. Er war als Zehnjähriger von einer schweren Krankheit genesen, und zum Dank ließ sein Vater das Abbild aus Silber anfertigen. Im Umgang sind Tausende Votivbilder angebracht, die alle von wundersamen Gebetserhörungen erzählen.

Rund um den Kapellplatz finden wir noch die Stiftskirche mit der überdimensionalen **Sensenmann-Standuhr**, bekannt als »Tod von Altötting«, im altbayerischen Sprachgebrauch »Doud vo Äding«. Neben dem **Kapuzinerkloster** und der Kirche St. Magdalena finden wir die **Schatzkammer mit dem Wallfahrtsmuseum**. Kunstfertige Weihegaben zeigen den Reichtum der Wallfahrt, darunter das »Goldene Rössl«, ein Marienaltärchen

SPECIAL

ALTÖTTINGER LEGENDE

1489 wollte ein kleiner Junge, gerade einmal drei Jahre alt, die Welt erkunden und schaffte es, den wachsamen Augen seiner Mutter zu entkommen. Das Kind war spurlos verschwunden, und man befürchtete, dass er in den Bach von Altötting, den Mörnbach, gefallen war. Dort fand ihn dann auch die verzweifelte Mutter, leblos an einer Wurzel, sie hielt ihn für tot. Sie brachte ihren Sohn in die Marienkapelle im Ort, legte ihn am Altar nieder und begann zu beten. Es dauerte nicht lange, und der Junge schlug die Augen auf und bewegte sich wieder. Das Wunder, das die Mutter erhofft hatte, war geschehen. Aber ein einziges Wunder reichte auch damals nicht aus, um eine Wallfahrt in Schwung zu bringen. Kurz darauf geschah ein weiteres Unglück: Ein Kind wurde von einem Fuhrwerk überfahren und schwer verletzt. Nach inständigem Gebet zur Muttergottes in der Kapelle wurde es wieder gesund. Ab da zweifelte niemand mehr an der Erhörung der Gebete durch die Maria von Altötting.

Altötting
Wallfahrt, Gnadenkapelle, Diorama
A94
16 km

Bunte Häuser zieren den langen Marktplatz von Braunau am Inn.

aus Goldemaille, oder der Brautkranz der weltbekannten Kaiserin Sisi.

Devotionalien können wir immer noch erwerben, rund um den Platz gibt es zahlreiche **Andenkenläden** mit religiösem Kitsch, aber auch mit einigen feinen Spezialitäten von Klöstern aus aller Welt. Östlich vom Kapellplatz befindet sich noch das große **Diorama**, das auf einem großen Rundbild das Leiden und die Kreuzigung Christi zeigt.

AM INN ENTLANG

Von Altötting fahren wir an Neuötting vorbei zur A94 und folgen ihr nach Osten. Jetzt begleitet uns der Inn. An der Ausfahrt Nr. 25 endet die ausgebaute Straße, und wir starten zu einem Abstecher nach **Marktl**. Der Ort ist die Geburtsstadt von Josef Ratzinger, besser bekannt als Papst Benedikt. Im Geburtshaus befindet sich heute ein kleines Museum, in der Kirche kann man seinen Taufstein sehen, und natürlich dreht sich sonst alles in dem kleinen Dorf um seinen berühmtesten Einwohner.

Zurück zur Schnellstraße, die jetzt zur B12 wird, kommen wir rasch nach **Simbach am Inn** und sind nun schon in Niederbayern angekommen. Am anderen Ufer liegt **Braunau**, das zu Oberösterreich gehört. Auch dieser Ort ist weltbekannt, als Geburtsort Adolf Hitlers, der hier seine ersten Lebensjahre verbrachte. Das Haus steht in der Straße Salzburger Vorstadt; ein Mahnstein gegen Krieg und Faschismus, der 1989 dort angebracht wurde, setzt ein klares Zeichen gegen Hitler-Tourismus. Braunau selbst mit seinem lang gezogenen Marktplatz ist sehr hübsch und einen Zwischenstopp wert.

Die B12 bringt uns dann nach Norden. Schon bei Ering können wir das nächste Mal anhalten und das **Informationszentrum Naturium** besuchen. Es gibt Auskunft über die Auwälder und Flusslandschaften, die im Europareservat Unterer Inn geschützt sind (naturium-am-inn.eu). Außerdem ist es ein guter Ausgangspunkt für ein paar schöne Wander- oder Fahrradtouren entlang des Inns.

Kurzzeitig kommen wir bei der Weiterfahrt in den Genuss der gut ausgebauten A94. Bei Malching verlassen wir sie und fahren rechts nach **Aigen am Inn**. Die kleine **Wallfahrtskirche St. Leonhard**, dem Schutzpatron der Tiere geweiht, geht auf das Jahr 1180 zurück. Die jährlich stattfindende Wallfahrt am Sonntag nach dem 6. November,

Marktl
Geburtshaus Josef Ratzinger
B12
47,5 km

Bad Füssing
Therme, Kurort, Innauen
B12
19 km

Schärding
Altstadt
15 km

Links: Es lohnt sich, die Räder am Informationszentrum Naturium bei Ehring auszupacken; los geht es zu gemütlichen Radtouren in die Innauen.

Rechts: Im Kurpark von Bad Füssing überwältigt einen der wunderbar bunte und duftende Blumenschmuck.

dem Festtag des Heiligen, ist die älteste Leonhardifahrt in Bayern, über die das **Leonhardi-Museum** noch genauer informiert.

Zwischen Aigen und Bad Füssing setzt sich das Naturreservat am Innufer fort, und viele weitere Rundwanderwege lassen sich erkunden. Sie führen zu Aussichtsplattformen, von denen man vor allem Vögel beobachten kann. Dann erreichen wir **Bad Füssing**, den bekannten Kurort, wo wir uns erholen und ein bisschen verwöhnen lassen können. Es gibt einen Campingplatz (siehe »Praktische Hinweise«), aber keinen offiziellen Übernachtungsplatz, sondern nur einen kostenlosen Parkplatz ohne Versorgungsmöglichkeiten, dafür mit Schatten, am Rand des Kurparks (Kurhausstr. 1, GPS: 48.355461, 13.318308). Die Thermen sind alle in Gehweite erreichbar.

WELLNESSTEMPEL BAD FÜSSING

Bad Füssing ist eine Gemeinde im niederbayerischen **Bäderdreieck**, wozu auch Bad Griesbach und Bad Birnbach zählen. Der Kurort ist eigentlich noch jung. Erst 1938 ist man bei der Suche nach Öl auf die 56 Grad warmen Thermalquellen gestoßen, die bei Arthritis, Wirbelsäulenleiden, Osteoporose und Stoffwechselkrankheiten Linderung versprechen. Der Zweite Weltkrieg verhinderte ein rasches Kuraufkommen, doch ab 1955 setzte der Kurbetrieb allmählich ein. Im Jahr 1969 bekam die Gemeinde den Namenszusatz »Bad« verliehen, und heute gibt es gleich **drei große Thermalbäder** (Therme I, Europa Therme, Johannesbad) sowie den **Saunahof**, alles Einrichtungen, die kaum Wünsche offenlassen und für Wohlbefinden sorgen. Gigantisch sind die großzügig angelegten Gärten mit üppigen Blumenrabatten im Kurpark, und für Nachtschwärmer gibt es sogar eine **Spielbank**.

UMWEG ÜBER FÜRSTENZELL

Die B12 bringt uns weiter nach Norden, und wir folgen ihr bis **Neuhaus am Inn**. Sein wunderschönes Schloss ist heute eine Realschule und liegt auf einer Halbinsel im Inn. Am anderen Ufer dominiert das österreichische **Schärding** mit seinen bunten Häusern am großen Stadtplatz und den mächtigen Stadttoren. Auch dieser Ort ist definitiv wieder einen Grenzübertritt und einen ausgedehnten Bummel wert.

Das Schloss Neuhaus wurde auf eine Halbinsel in den Inn gebaut.

Bevor wir das Reiseziel dieser Etappe, die Dreiflüssestadt Passau, ansteuern, lohnt sich der kleine Umweg über Engertsham und Obersulzbach nach **Fürstenzell**. Seine Geschichte ist schnell erzählt. 1274 bekam der Orden der **Zisterzienser ein Kloster** in der Siedlung Cella gestiftet, die nur aus einem Einödhof und einer Kapelle bestand. Im gleichen Jahr verlieh Herzog Heinrich XIII. von Niederbayern dem Zellhof Erlass aller Leistungen und gewährte Zollfreiheit sowie niedere Gerichtsbarkeit. Aus Cella/Zell wurde so Fürstenzell. Im 15. Jahrhundert war das Kloster schon recht groß geworden, außer den Klostergebäuden gab es keine weiteren Häuser. 1748 wurde die baufällige Klosterkirche abgerissen und durch einen prunkvollen Neubau im Stil des Rokokos errichtet. Einer der besten Baumeister seiner Zeit, **Johann Michael Fischer**, wirkte mit, zusammen mit einigen großen Künstlern, darunter Johann Jakob Zeiller, der die Kirche mit Fresken ausschmückte und das Hochaltarbild malte. Ein weiterer Höhepunkt sind der Festsaal und die **Bibliothek**, die aber leider derzeit nicht besichtigt werden kann. Nun ist es nur noch ein Katzensprung nach Passau, dem wir uns nähern.

DIE DREIFLÜSSESTADT PASSAU

Donau, Inn und Ilz geben **Passau** seinen besonderen Charakter. Die Altstadt wurde auf einer Landzunge errichtet, die sich weit zwischen die Donau und den Inn geschoben hat. Genau an ihrer Spitze gibt der Inn sein Wasser an die Donau weiter, beide so groß und mächtig, dass man kaum ausmachen kann, wer den Ton angibt. Da fällt die Ilz im ersten Moment gar nicht auf, aber man erkennt sie durch ihre Wasserfarbe, die viel dunkler und erdiger ist, angereichert durch die Natur des Bayerischen Waldes. Beim Schlendern durch die Altstadtgassen trifft man immer wieder auf die Flüsse, die den Bewohnern und der Stadt eine Lebendigkeit verleihen, wie man sie ansonsten nur aus mediterranen Gefilden kennt. Kein Wunder, dass man Passau auch gern als das **Venedig von Bayern** bezeichnet.

Passau blickt auf eine lange Geschichte zurück. Um 50 n. Chr. hatten die Römer etwa an der Stelle des heutigen Klosters Niedernburg eine kleine Zollstation gebaut. Diese brauchte man, um die Grenze nach Norden, zum »unzivilisierten« Land der Germanen zu schützen und weil der Inn die zwei Verwal-

tungsdistrikte Rätien (Bayern südlich der Donau) und Noricum (das heutige Österreich) voneinander trennte. Bald wurde die Zollstation zu einem **Militärlager** ausgebaut, das auf dem heutigen Gebiet der Innstadt lag. Es erhielt den Namen **Boiodurum**. Die Zeiten erforderten größere Ausbauten, und so wurde auf der Halbinsel zwischen Donau und Inn ein weiteres Lager gebaut, zu dessen Verteidigung eine verbündete Elitetruppe der Bataver verlegt wurde. So entstand das Lager Castra Batava, kurz Batavis genannt. Aus diesem Wort entwickelte sich langsam der Name des heutigen Passaus.

Mit dem heiligen **Bonifatius** wurde 739 die Geschichte weitergeschrieben, als er nämlich die Kirche nördlich der Alpen neu organisierte und die Siedlung zum Zentrum eines Bistums machte. Daraus lässt sich schließen, dass es zumindest eine Kirche mit dazugehörigen Priestern gegeben haben muss. Damit begann eine neue Epoche der Stadt: die **Herrschaft der Bischöfe**, die neben der Diözese auch ein Fürstentum leiteten, das bis zur Säkularisation Bestand hatte. Gegen den Ansturm der Ungarn baute man eine erste Stadtmauer, und als schließlich der **ungarische König Stephan** den katholischen Glauben annahm, geschah das unter der Triebfeder des Passauer Bischofs Pilgrim. Nicht nur der Taufname des Königs, sondern auch der offizielle Name des ungarischen »Stephansreich« sowie seine Krone, die »Stephanskrone«, haben ihren Ursprung in Passau im Stephansdom.

Bis zur Säkularisation 1803 baute das Passauer Fürstbistum seine Grenzen weit nach Norden und Osten aus. Gerade der Norden war mit Ausnahme des Handelsweges **Goldener Steig** bis ins 13. Jahrhundert eine nahezu undurchdringliche Wildnis. Mit der Zusage von Steuerfreiheit lockten die Bischöfe Siedler ins Land, und so wurde das Waldgebiet erschlossen. Einkünfte erzielte man durch Maut und Zollgebühren, denn neben dem Goldenen Steig waren natürlich der Inn und die Donau gewinnbringende Verkehrswege.

Bis ins 18. Jahrhundert gehörte fast ganz Ober- und Niederösterreich samt Wien zur Diözese Passau. Umso erstaunlicher, dass Passau 1803 bei der Auflösung des Fürstbistums dem Königreich Bayern zugeordnet wurde und nicht Österreich, waren die Ver-

Von der Wallfahrtskirche Mariahilf hat man einen schönen Blick auf Passau.

Fürstenzell
Klosterkirche
12,5 km
Passau
Dom, Altstadt, Innviertel, Veste Oberhaus
Ziel

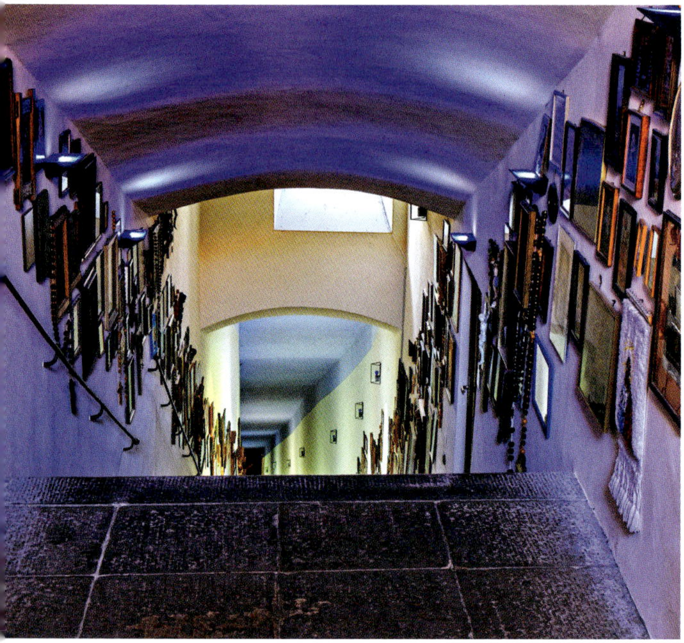

Von der Kirche Mariahilf führt die gedeckte Stiege wieder zurück zum Inn.

bindungen dorthin doch viel stärker. Das Bistum von Passau blieb bestehen, allerdings wurde es neu geordnet, und alle Klöster und weltlichen Besitztümer wurden entzogen.

PASSAUER STADTSPAZIERGANG

Die Stadterkundung startet man am besten am **Stephansdom**. Rund um den Domplatz befanden sich die Wohnungen der Domherren, oft Söhne Adeliger, die hier ihren Reichtum zur Schau stellten. Das Denkmal in der Mitte zeigt König Max I. Der prächtige barocke Dom weist gleich zwei Superlative auf. Es ist der größte barocke Innenraum nördlich der Alpen und besitzt mit 17 974 Pfeifen und 208 Registern die größte **Domorgel** der Welt. Von Mai bis Ende Oktober bekommt man werktags täglich von 12 bis 12.30 Uhr die Gelegenheit, ihren Klang zu hören (Tickets am Konzerttag um 10 Uhr am Kassenhaus im Dominnenhof).

Vom Dom geht es zum **Residenzplatz** mit seinen Bürgerhäusern und der Bischofsresidenz mit dem Diözesanmuseum. Durch die **Schrottgasse** gelangt man abwärts zur Donau und zum **Rathaus** mit seinem markanten Turm. Eine Kaffeepause lässt sich gut am Rathausplatz einlegen, wo man darüber sinnieren kann, dass die Flüsse der Stadt Reichtum brachten und sie gleichzeitig immer wieder mit gewaltigen Wassermassen bedrohten. Die Hochwassermarken am Rathaus zeigen die Wasserstände in einer Höhe, die man sich bei normalem Pegel kaum vorstellen kann.

Am Rathausplatz liegt auch das interessante **Glasmuseum** mit der umfangreichen Sammlung böhmischer Gläser, und am Donaukai docken die Kreuzfahrtschiffe und Ausflugsdampfer an. Links in der **Höllgasse** haben viele Künstler ihre Ateliers, die sie regelmäßig bei Hochwasser räumen müssen. In die andere Richtung donauabwärts umrunden wir dann die Landzunge und besuchen am Ortsspitz in der kleinen Grünanlage das **Drei-Flüsse-Eck**, den Zusammenfluss von Ilz, Inn und Donau.

Zurück geht es über den **Innkai** und vorbei am **Schaiblingsturm**, der einst den Innverkehr überwachte. Wir können die Klosterkirche Niedernburg oder die Jesuitenkirche St. Michael besuchen oder dem Inn zum Fünferlsteg folgen. Für die Fußgängerbrücke über den Inn wurde eine Brückenmaut von fünf Pfennig erhoben, daher ihr Name.

Auf der anderen Seite, im Innviertel, liegt das **Römermuseum Kastell Boiotro**. Dahinter kann man zur **Wallfahrtskirche Mariahilf** hinaufsteigen, einem der schönsten Aussichtspunkte über die Altstadt. Über die gedeckte Stiege geht es wieder hinunter und zurück auf die Landzunge zum Rathausplatz. Wer möchte, gönnt sich nun einen Shuttlebus hinauf zur **Veste Oberhaus** auf dem Georgsberg. Dort lockt nicht nur das Oberhausmuseum, sondern auch eine weitere schöne Aussicht über Passau und seine Flüsse.

SPECIAL

DER REGENPRÜFER

Die Passauer Bürger hatten sich 1826, als das Standbild Max I. errichtet wurde, noch nicht mit dem bayerischen König abgefunden. Eigentlich zeigt es den König mit ausgestreckter Hand, ein Sinnbild für die schützende Hand, die er über die Stadt und ihre Bürger hält. Die Interpretation der scharfzüngigen Passauer lautete jedoch: »Der König schaut, ob es regnet …«

PRAKTISCHE HINWEISE

TOURISTINFORMATIONEN

Touristinformation Waging am See
Salzburger Str. 32, 83329 Waging am See, Tel. 08681/313, waginger-see.de

Touristinformation Tittmoning
Stadtplatz 1, 84529 Tittmoning, Tel. 08683/70 07 10, visit-tittmoning.de

Touristinformation Burghausen
Stadtplatz 99, 84489 Burghausen, Tel. 08677/88 71 40, visit-burghausen.com

Touristinformation Bad Füssing
Rathausstr. 8, 94072 Bad Füssing, Tel. 08531/97 55 80, badfuessing.com

Touristinformation Passau
Rathausplatz 2, 94032 Passau, Tel. 0851/39 66 10, passau.de

CAMPING- UND STELLPLÄTZE

S 300 Wohnmobilstellplatz Schneiderhof
(S. 168/B4), Seestr. 11 a, 83367 Petting, Tel. 08686/98 46 98, stellplatz-schneiderhof.de
GPS: 47.913282, 12.811794
Kleiner gepflegter Stellplatz auf einem Bauernhof mitten im Grünen und mit traumhaftem Blick auf die Berge. Ausreichende und saubere Sanitäranlagen.

C 301 Seecamping Tachinger See
(S. 168/B3), Am Strandbad 1, 83373 Taching am See, Tel. 08681/95 48, seecamping-taching.de
GPS: 47.961638, 12.729018
Einer von mehreren Campingplätzen rund um den Tachinger und Waginger See. Der Campingplatz befindet sich in Gemeindehand und liegt inmitten eines Landschaftsschutzgebietes, unmittelbar am Ufer mit direktem Zugang zum See. Perfekt auch für Erholungstage. Bäckerei und ein Geschäft liegen in Fußnähe.

S 302 Wohnmobilstellplatz Burghausen
(S. 168/B2), Berghamerstr. 1, 84489 Burghausen, Tel. 08677/88 71 40

Der Wohnmobilstellplatz von Burghausen liegt zwar außerhalb der Altstadt, aber mitten im Grünen. (S 302)

Sonnig ist der Stellplatz am Passauer Winterhafen, von dem wir den Stephansdom gut im Blick haben. (S 306)

GPS: 48.154574, 12.808012
Der Wohnmobilstellplatz ist ruhig, direkt am Waldpark mit Spiel- und Freizeitanlagen und dem neuen Motorikpark gelegen. Ganzjährig geöffnet, bezahlt wird am Parkscheinautomaten. Zum nächstgelegenen Restaurant mit Biergarten sind es ca. 400 m, nach Burghausen fährt ein Bus (Haltestelle ca. 800 m entfernt).

S 303 Wohnmobilstellplatz Altötting
(S. 168/B2), Burghauser Str. 28,
84506 Altötting, Tel. 08671/506219
GPS: 48.222944, 12.680634
Ein großer, einfacher Parkplatz am Dultplatz. Kein Schatten und kein befestigter Untergrund. Gut für die Besichtigung und auch, wenn man nur eine Nacht bleiben möchte.

C 304 Campingplatz Holmernhof
(S. 168/C2, S. 172/B6), Am Tennispark 10,
94072 Bad Füssing, Tel. 08531/24740,
holmernhof-camping.de
GPS: 48.358046, 13.306613
Für einen längeren Aufenthalt benützt man

Gut ausgeschildert sind die Stellplätze von Passau; für eine Besichtigung der Altstadt ist der an der Ilzbrücke (S 305) besser geeignet.

den Campingplatz, es gibt aber auch sieben Stellplätze für den kürzeren Aufenthalt vor der Einfahrt. Sanitäreinrichtung am Campingplatz.

S 305 **Wohnmobilstellplatz Passau Ilzbrücke** (S. 172/C5)
Halser Str. 9, 94034 Passau,
Tel. 0851/95 59 80
GPS: 48.578722, 13.474053
Stadtnaher Stellplatz an der Ilz beim Aufgang zur Veste Oberhaus. Strom, Wasser und Abwasser vorhanden. Ideal für eine Stadtbesichtigung, mit netter kleiner Grünanlage, in der man gut sitzen kann.

S 306 **Wohnmobilstellplatz Passau Winterhafen** (S. 172/B5)
Regensburger Str. 14, 94034 Passau
GPS: 48.574183, 13.426760
Toller kostenloser Platz für ca. 50 Mobile, aber ohne Versorgung und ein gutes Stück außerhalb der Stadt. Mit dem Fahrrad gut 3,5 km zum Drei-Flüsse-Eck. Direkt auf einer Landzunge an der Donau gelegen und deswegen bei Hochwasser gesperrt.

Der Stellplatz Ilzbrücke teilt sich den Platzbedarf mit einem Pkw-Parkplatz, aber nur wenige Meter entfernt sitzt man in einem kleinen Park an der Ilz.

4 DURCH DEN BAYERISCHEN WALD ZU DEN DONAUPERLEN

Von Passau nach Kelheim

Diese Route wird Naturfreunde vollends begeistern. Auf einer mehrtägigen Erkundungsfahrt spüren wir die schönsten Orte und Landstriche im Bayerischen Wald auf. Wir entdecken entlegene Winkel im Dreiländereck zwischen Österreich, Tschechien und Bayern, besuchen aber auch beliebte Ziele wie die Nationalparkregion. So bilden einsame Gegenden und touristische Attraktionen stets einen abwechslungsreichen Kontrast. Für Wanderfans gibt es einige Tourenvorschläge, denn die Natur des Bayerischen Waldes genießt man am besten zu Fuß. Zum Abschluss der Fahrt cruisen wir die Donau entlang und treffen auf Perlen wie Deggendorf, Straubing und Regensburg.

In Kelheim unter der Befreiungshalle endet die Fahrt.

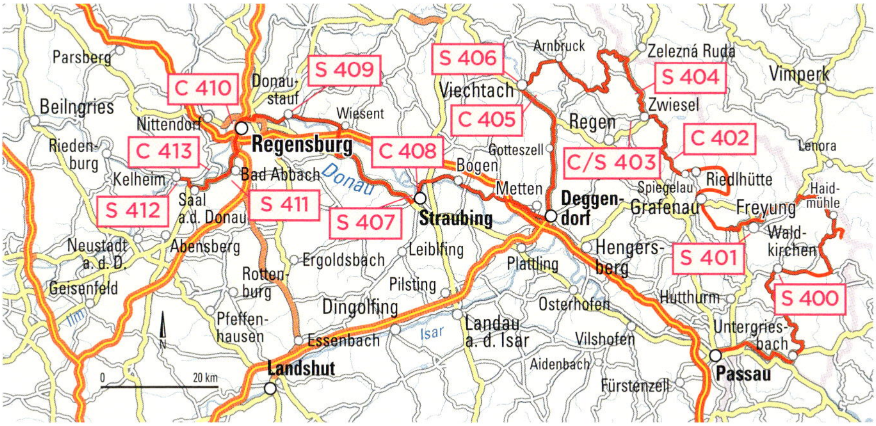

ROUTE 4

START- UND ENDPUNKT
Passau und Kelheim

STRECKEN
überwiegend Landstraßen und Nebenstraßen

STRECKENLÄNGE
ca. 400 Kilometer

FAHRZEIT
6 bis 7 Tage

BESTE JAHRESZEIT
April bis Oktober

Wer keine Lust oder Zeit hat, den Bayerischen Wald zu erkunden, kann von Passau (siehe Tour 3) auf der Autobahn A3 in 54 Kilometern direkt nach Deggendorf fahren und dort in die Route einsteigen. Dabei lohnt ein Zwischenstopp an der Autobahnausfahrt Hengersberg. Nur wenige Minuten davon entfernt liegt in Niederalteich eines der wunderschönen Barockklöster, die entlang der Donau gebaut wurden.

GRANITFELSEN VON HAUZENBERG

Für uns geht es zunächst von Passau aus die Donau an ihrem Nordufer abwärts. Die Straße verläuft in Flussnähe und schenkt uns beste Aussichten auf das Wasser. Wir fahren durch **Obernzell** und halten uns nach der Altstadt am ehemaligen Schloss und heutigen **Keramikmuseum** links. Rechts weiter würde uns ein Abstecher die Donau entlang bis zum Kraftwerk Jochenstein bringen. Dort liegen das Naturerlebniszentrum Haus am Strom sowie der sagenumwobene Jochenstein im Wasser.

Hinter Obernzell gewinnen wir an Höhe, und Kurven bringen uns nach Untergriesbach. In der Ortsmitte biegen wir links in die Hauzenberger Straße ein, und schon geht es für uns über die ersten Hügelketten des Bayerischen Waldes nach **Hauzenberg**, das Zentrum des Granitabbaus. Der harte, weiß ge-

Start
Passau
36,5 km
Hauzenberg
Granitmuseum
12,6 km

Bei Hauzenberg passieren wir viele Granitsteinbrüche.

Waldkirchen besitzt einen hübschen Stadtplatz.

sprenkelte Stein hatte der Region ab dem 16. Jahrhundert zu Wohlstand verholfen und wird bis heute abgebaut. So können wir kurz vor Hauzenberg das Besucherbergwerk Graphit Kropfmühl besichtigen oder im Ort das **Erlebniszentrum Steinwelten**, ein architektonisches Highlight. Wer etwas über die Entstehung und den Abbau von Granit erfahren möchte, ist in dem Museum genau richtig (granitzentrum.de).

Von Hauzenberg geht es auf der Granitstraße vorbei an einigen Abbaugebieten weiter in Richtung Norden. Langsam durchfahren wir die ersten Wälder, und dann ist es nicht mehr weit nach **Waldkirchen**, unserem ersten Ziel.

Der »Ewige Hochzeiter« ist eigentlich ein Schutz für die Hausecken, um das Anecken von Radkappen abzuwehren.

WALDKIRCHEN AM GOLDENEN STEIG

Durch den Ort führte der Goldsteig, die alte Verbindungs- und Handelsroute zwischen Bayern und Böhmen. Ihm zu Ehren gibt es in Waldkirchen das **Museum Goldener Steig**. Das Herz der kleinen Stadt schlägt am Marktplatz, wo uns der **Ewige Hochzeiter** beim Cappuccinotrinken beobachtet. Die kleine Sehenswürdigkeit war immer schon beliebt, und so haben sich im Laufe der Zeit mehr dieser Steinfiguren an den Häuserecken angesiedelt.

Für einen Spaziergang bummeln wir über den **Gartenschau-Rundweg**, der uns über den Zauberwald zur Lindenallee mit der **Karolikapelle** führt, die in der Nähe des Stellplatzes am Karolibad liegt. Eine andere Wanderung bringt uns zu einem der schöns-

Am Dreisessel und dem Hochstein sind die sogenannten Wollsackverwitterungen der Felsen besonders gut zu sehen.

ten Geotope in Bayern. Direkt am Karolibad kann man in die **Saußbachklamm** wandern. Ein geradezu mystischer Weg entlang des Saußbachs, der eigentlich Erlau heißt, denn das Bachbett ist übersät mit dicken bemoosten Granitbollern. Auf halber Strecke freut man sich über das Ausflugslokal Halleralm (geöffnet Mai bis Oktober bei gutem Wetter am Wochenende und freitags).

IN DEN ÖSTLICHSTEN WINKEL BAYERNS

Der nächste Streckenabschnitt führt uns in den östlichsten Winkel des Bayerischen Waldes, abseits der großen Touristenrouten. Von Waldkirchen aus geht es ostwärts, an Jandelsbrunn vorbei, und schließlich biegen wir links ab nach **Neureichenau**. Nun sind wir auf der **Glasstraße** unterwegs.

Fahrradfreunde können in Neureichenau die Räder auspacken und bequem auf einem **alten Bahndamm** nach Haidmühle radeln. Ambitionierte Zweiradfans schrecken nicht vor der 52 Kilometer langen und hügeligen (1000 Hm) Runde über das Dreiländereck auf die tschechische und österreichische Seite zurück. Landschaftlich ein Traum, denn es geht durch dichte Wälder, entlang des

AUSFLUG

DREISESSEL, HOCHSTEIN UND PLÖCKENSTEIN

Wer Lust auf eine kurze Wanderung zu einem bedeutenden geografischen Punkt hat, biegt in Frauenberg rechts ab und folgt der kleinen Straße den Berg hinauf zum Wanderparkplatz. Von dort sind es nur wenige Gehminuten und ein paar Stufen über verwitterte Granitfelsen hinauf zum Dreisessel, einem markanten Felsen im Bayerischen Wald, dem die Wollsackverwitterung die Form eines Dreiecks mit ausgespartem Platz in der Mitte gegeben hat. Irgendwann hat irgendwer in diese drei Felsen Sitze gemeißelt. Damit war der Weg frei für die Sage von den drei Prinzen, die sich hier niederließen, um das Land in Österreich, Böhmen und Bayern aufzuteilen. Zu seinen Füßen steht das Dreisesselberghaus, und von dort sind es nur wenige Gehminuten zum Hochstein. Etwas länger, aber immer noch eine ganz leichte Tour führt in die andere Richtung entlang der Grenze zum Dreiländereck und auf den Plöckenstein.

Waldkirchen
Karolikapelle, Saußbachklamm, Marktplatz
14 km

Neureichenau
15 km

Freyung zählt mit gut 7000 Einwohnern zu den größeren Gemeinden im Bayerischen Wald.

Schwarzenberger Kanals und zu den Wirkungsstätten Adalbert Stifters. Mit dem E-Bike ist die Tour auch mit einer nicht so guten Kondition zu schaffen.

Weiter über **Frauenberg** und Ludwigsreut kommen wir nach **Haidmühle**, ein kleines Grenzdorf, das an der kalten Moldau liegt. Im Winter ist die Gegend bei Langläufern beliebt und es werden Hundeschlittenrennen ausgetragen. Hinter Haidmühle führt die Straße in den Wald, und über Bischofsreut erreichen wir **Philippsreut**. Dort fahren wir auf der B12 in südlicher Richtung und passieren bald die **Wasserscheide Moldau-Donau** an einem Rastplatz. Bei Herzogsreut lichtet sich der Wald, die Landschaft präsentiert sich hügelig und wir kommen bald darauf nach **Freyung**.

AUSFLUG

DURCH DIE BUCHBERGER LEITE

Von Freyung aus startet man zu einer Wanderung durch die Buchberger Leite, ein interessantes und herrliches Geotop. Hier hat der Fluss Wolfsteiner Ohe den Großen Pfahl durchbrochen und eine kleine Schlucht geschaffen. Durch die hohe Luftfeuchtigkeit hat sich viel Moos gebildet, das die Granitblöcke in eine zauberhaft grüne Märchenlandschaft verwandelt. Die Wanderung endet in Ringelai; für die Rückfahrt sollte man sich ein Taxi gönnen.

FREYUNG, TOR ZUM BAYERISCHEN WALD

Die Kreisstadt Freyung geht auf die Zeit zurück, als die Passauer Bischöfe ihr Land nördlich der Donau besiedeln wollten. Zum Schutz ihrer Grenzen ließen sie **Burg Wolfstein** erbauen, in deren Umgebung sich Bauern als Siedler niederließen. Um ihnen eine so entlegene Ecke schmackhaft zu machen, versprach man ihnen die Steuerfreiheit. Sie lebten in einer sogenannten Freiung, ein Begriff, der im Ortsnamen erhalten geblieben ist. Später wurde die Burg zu einem Schloss umgebaut, in dem sich heute das **Jagd-Land-Fluss-Museum** befindet. Ein zweites Museum, das **Heimatmuseum**, hat ebenfalls überregionale Bedeutung. Es liegt am hübschen **Stadtplatz**, wo wir auch einige gute Gasthäuser finden.

ÜBER GRAFENAU IN DEN NATIONALPARK

Von Freyung aus folgen wir noch ein Stück der B12 und verlassen sie dann bei Aigenstadl, um mit unserem Wohnmobil nach **Ringelai** zu fahren. Der kleine Ort ist für seine Christkindlwallfahrt berühmt, der einzigen dieser Art in Deutschland. Außerdem gibt es in Ringelai zwei sehr gute bayerische Wirts-

häuser: den Kirchenwirt und das Restaurant im Landhotel Koller. Etwas außerhalb, weiter auf unserer Strecke gelegen, treffen wir auf das nachgebaute **Keltendorf Gabreta**. Wie in einem Freilichtmuseum ist ein kleines Dorf im Rahmen experimenteller Archäologie entstanden. Die Landstraße führt uns weiter nach **Grafenau**, eine Stadt mit einem lang gezogenen Stadtplatz, einem Kurpark mit See, Freibad, Spielplätzen, Kneippbecken, Minigolfanlage und einem herrlich ruhigen Stellplatz (GPS: 48.854725, 13.403166) direkt neben der Kleinen Ohe am Festplatz. Die Ortsumgehung führt weiter nach Norden, um Grafenau herum. Im Gewerbegebiet Reismühle biegen wir rechts ab, um nach **Neuschönau** in das Kerngebiet des Bayerischen Waldes zu fahren: zum Nationalpark.

DIE GESCHICHTE DES NATIONALPARKS BAYERISCHER WALD

Grundsätzlich ist ein Nationalpark immer ein großflächiges Gebiet, das vor menschlichen Eingriffen geschützt wird. Er soll sich unbeeinflusst von wirtschaftlichen Interessen selbst entwickeln. Besucher sind aber durchaus erwünscht, denn nur, was Menschen selbst kennengelernt und bewundert haben, wird auch als schützenswert betrachtet. 1970 wurde der Nationalpark Bayerischer Wald gegründet. Mit seiner Erweiterung 1997 umfasst er eine Fläche von fast 25 000 Hektar. Die Besonderheit des Nationalparks ist, dass der Natur nach dem Wegfall des Eisernen Vorhangs hinüber nach Tschechien in den Böhmerwald keine Grenzen mehr gesetzt sind. So schließt sich nahtlos der Nationalpark Šumava, auf Deutsch Böhmerwald, an, der noch dazu durch ein Landschaftsschutzgebiet vergrößert wird. Damit ist eine Fläche von fast 200 000 Hektar unter Schutz gestellt. Es ist das größte zusammenhängende Waldgebiet Europas.

In den ersten Jahren nach der Gründung des Nationalparks Bayerischer Wald war man guter Dinge. Das Gründungsmotto »Die Natur Natur sein lassen« schien richtig zu sein. Das änderte sich 1983, als zwei gewaltige Gewitterstürme riesige Schneisen in den Wald schlugen. Der Idee des Naturparks folgend, wurden diese Windwürfe nicht beseitigt, die umgeworfenen Bäume blieben kreuz und quer am Boden liegen. Nur vorhandene Wanderwege wurden freigeschnitten. Doch dabei kam es zu einer Katastrophe, die den Verfechtern dieser Naturparkidee außerordentlich viel Kritik ein-

Wölfe kann man im Freilichtgehege in Neuschönau besichtigen, denn die scheuen Tiere, die im Bayerischen Wald wieder heimisch sind, lassen sich in freier Wildbahn nicht blicken.

Dreisessel
Wanderung im Grenzgebiet
37 km
Freyung
Buchberger Leite
8,5 km
Ringelai
Keltendorf Gabreta
13 km

Vom Boden aus betrachtet, gleicht der Baumwipfelpfad einem Überraschungsei.

brachte. Das am Boden liegende Holz schuf ideale Lebensbedingungen für den gefürchteten Borkenkäfer, den Buchdrucker, der Fichtenbäume liebt. Leider bestand bis dahin der Wald vor allem aus Fichten, die ursprünglich als Wirtschaftsbäume möglichst hohen Ertrag bringen sollten. Die Borkenkäfer haben nach dem Sturm ganze Arbeit geleistet. Vermehrungsfreudig, wie sie sind – ein einziges Käferweibchen kann innerhalb eines Jahres bis zu 100 000 Nachkommen hervorbringen –, griffen sie von den umgeworfenen Bäumen auch auf die gesunden Bäume über, und in kürzester Zeit waren viele Tausend Hektar des Bergwaldes vernichtet. Die Bilder davon gingen um die ganze Welt und der Aufschrei war groß. Trotzdem bewiesen die Nationalparkverwaltung und mit ihr im Hintergrund der bayerische Staat Standhaftigkeit. Nach zehn Jahren ging der Käferbefall stark zurück, und gleichzeitig begann ohne jegliches Eingreifen ein neuer Wald aufzuwachsen. Dazwischen wuchsen nun seltene Gräser und Wildblumen und vielfältige Baumsorten wie Linden, Ahornarten, Eschen, Ulmen breiteten sich neben Fichten, Tannen und Buchen aus.

WO DAS HERZ DES WALDES SCHLÄGT: NEUSCHÖNAU

Die Hauptattraktionen in **Neuschönau** sind der hölzerne Baumwipfelpfad, das Nationalparkhaus Lusen und das große Tierfreigelände. Es lohnt sich zu parken und die Gegend zu erkunden. Der **Baumwipfelpfad** ist eine echte Überraschung und führt schwindelerregend, aber absolut sicher über die höchsten Baumspitzen hinauf. Oben erwartet uns eine gigantische Aussicht, aber allein schon die Architektur ist spektakulär. Barrierefrei ist das »Baum-Ei« bis zur zweiten Plattform befahrbar (baumwipfelpfade.de).

Gleich daneben liegt das **Hans-Eisenmann-Haus**, das Nationalparkzentrum Lusen. Der Nationalpark Bayerischer Wald ist so groß, dass man an mehreren Stellen Informationszentren errichtet hat. Im Hans-Eisenmann-Haus erläutert uns eine Ausstellung die Natur und die Besonderheiten des Waldes. Für Kinder gibt es eine Waldwerkstatt und Mitmachstationen, bei denen auch Erwachsene noch einiges lernen können. Der Eintritt ist frei, und ein kleines Café ist auch vorhanden. Rund um die beiden Attraktionen führen kurze Themenwege, welche die heimischen Pflanzen und das Bayerwald-Gestein in den Fokus rücken.

Zum dritten Highlight, dem **Tier-Freigelände**, queren wir nur die Nationalparkstraße, und schon beginnt der sieben Kilometer lange Rundweg, der sich jedoch auch abkürzen lässt. Der Eintritt ist kostenlos. Wir treffen auf typische Wildtiere wie Luchse, Habichtskäuze, Wölfe, Wisente, Fischotter, Bären oder Auerhühner, die im Bayerischen Wald heimisch sind oder waren. Viele der

rund 40 Säugetier- und Vogelarten können wir ganz nah beobachten, durch einige der Gehege wandern wir mitten hindurch. Die »gefährlicheren« Tiere sind jedoch in großräumigen, naturnahen Gehegen und Vögel in Volieren untergebracht. Für die gesamte Runde sollte man drei bis vier Stunden einplanen.

ÜBER DIE NATIONALPARKSTRASSE UND DIE GLASSTRASSE

Nach der Besichtigung fahren wir auf der **Nationalparkstraße** durch den Wald in Richtung Spiegelau. Viele Wanderparkplätze liegen rechts und links der Strecke. Es versteht sich von selbst, dass man nur zu Fuß den Bayerischen Wald so richtig erleben und für sich entdecken kann. Kurz darauf sind wir in **Spiegelau**, ein guter Stützpunkt für Wanderungen oder den Besuch der Glasfabrik. Zudem kann man die Penninger Destillerie besichtigen. Im angeschlossenen Museum dreht sich alles um die Schnapsherstellung (penninger.de). Ansonsten fahren wir weiter und sind wieder auf der Glasstraße unterwegs, die uns nach Frauenau führt.

DER WALD UND SEIN GLAS

Frauenau ist neben Zwiesel eines der großen Glaszentren des Bayerischen Waldes. Mitten im Ort liegt das moderne **Glasmuseum**

Bei der Wanderung durch die Klosterfilze treffen wir auf das dunkle Wasser der Großen Ohe.

AUSFLUG

BERGTOUR UND TALWANDERUNG

Der Lusen gehört neben Rachel, Arber und Falkenstein zu den klassischen Wanderzielen des Bayerischen Waldes. Das lässt erahnen, dass hier von Einsamkeit keine Rede ist. Aber der Lusen ist nun mal ein absolutes Muss, denn er schafft es, unterschiedliche Landschaften auf kleiner Fläche zu vereinen: einen wilden Gipfelaufbau, eine weite Fernsicht, kombiniert mit dem komplexen Entstehen und Vergehen der Natur. Schöner geht es kaum! Zudem ist die Wanderung nicht schwer (2,5 Stunden, 300 Höhenmeter). Start ist am Wanderparkplatz Lusen, der am besten mit dem Igelbus erreichbar ist – Autos dürfen die Straße zwischen 9 und 16 Uhr nicht befahren. Zu einer Talwanderung kann man kurz vor Spiegelau vom Parkplatz an der Diensthüttenstraße starten. Er liegt kurz nach der Querung über die Große Ohe. Die elf Kilometer lange Wanderung mit der Beschilderung »Kreuzotter« führt stellenweise über Bohlenwege durch die Klosterfilze bei Riedlhütte und bringt uns zu einem alten Goldwaschplatz.

Frauenau und sein Gläserner Garten

(glasmuseum-frauenau.de) mit seinem Café. Das sollte man sich nicht entgehen lassen. Umfangreich und vielfältig wird Besuchern die Geschichte der Glaskultur nahegebracht. Vor dem Gebäude liegt der **Gläserne Garten**, durch den wir zur Pfarrkirche Mariä Himmelfahrt bummeln oder eines der vielen Geschäfte mit Glaswaren besuchen. Wer von der Glasbläserei fasziniert ist, besucht noch die wenige Gehminuten entfernte **Glasmanufaktur Freiherr von Poschinger** (poschinger.de). In diesem Betrieb können wir an Werktagen mit einer Führung den Arbeitern bei ihrem Kunsthandwerk zusehen.

Nur eine kurze Fahrt entfernt erreichen wir die **Glasstadt Zwiesel**. Einst wurde hier Gold gefunden, aber schon seit dem 15. Jahrhundert dreht sich in Zwiesel und seiner Umgebung alles um die Glasindustrie, die aufgrund der vorhandenen natürlichen Ressourcen von Quarz als Glasrohstoff und Holz als Energieträger Fuß gefasst hat. Am lang gezogenen Stadtplatz finden wir einige Restaurants und Cafés, allerdings kaum wirklich alte Häuser. Das liegt daran, dass im 19. Jahrhundert nicht weniger als sechs große Brände alles vernichtet haben. Dennoch ist in Zwiesel etwas Besonderes erhalten geblieben: die **unterirdischen Gänge und Räume**, die unter der Altstadt zu finden sind. Über ihren genauen Zweck kann nur spekuliert werden. Ein kleiner Teil wird für Ausstellungen genutzt, andere lassen sich mit einer Führung besichtigen. Auch das **Zwieseler Waldmuseum** lohnt einen Besuch. Es gibt eine farbenfrohe Sammlung von Schnupftabakgläsern und viele weitere Glaskunstwerke. Anschließend kann man im Werksverkauf von Zwiesel-Glas shoppen (zwiesel-glas.com).

AUSFLUG

WANDERLUST

Frauenau und Zwiesel sind gute Ausgangspunkte für weitere Wanderungen im Nationalpark. Es lohnt sich immer, den Igelbus dafür zu benutzen. So kann man von der Bushaltestelle Gfäll bei Klingenbrunn auf kürzestem Weg zum Großen Rachel aufsteigen, um dann über die Rachelkapelle und den gleichnamigen See die Rundtour zu vollenden. Von Buchenau aus geht es hinauf zu den Schachten, den einsam gelegenen Almgebieten des Bayerischen Waldes, die aufgrund ihrer Flora und Fauna und der knorrigen alten Bäume etwas ganz Besonderes sind. Als dritte Tour empfehlen wir ab der Haltestelle Zwieseler Waldhaus den Aufstieg zum Großen und Kleinen Falkenstein, der uns eine herrliche Aussicht bis in den Böhmerwald ermöglicht.

Im Informationszentrum Falkenstein erhält man auch viele gute Tipps für Wanderungen.

GROSSER ARBER, BODENMAIS UND ARNBRUCK

Von Zwiesel aus folgen wir der B11 nach Norden und erreichen nach wenigen Kilometern **Ludwigsthal**. Hier steht das Nationalparkzentrum Falkenstein mit dem **Haus zur Wildnis**, wo ein kleiner Wanderweg vorbei an Tiergehegen mit typisch heimischen Tieren zu einem Aussichtsturm führt.

Weiter auf der B11 begleitet uns der Fluss Regen nach **Bayerisch Eisenstein**, dem Grenzort zu Tschechien, der einen erlebnisreichen Bahnhof besitzt. Am Gelände gibt es das **Localbahnmuseum**, **Kunsträume**, **NaturparkWelten** und ein gutes Restaurant.

Zwiesel
Glasherstellung, Wanderungen
16 km

Bayerisch-Eisenstein
Nationalparkzentrum Falkenstein, Bahnhofsmuseen, Arber
22,5 km

Die Wanderwege über die Schachten im Bayerischen Wald (siehe Kasten links) sind etwas ganz Besonderes.

Links: In der Glashütte Freiherr von Poschinger in Frauenau kann man die Produktion von hochwertigen Glaswaren besichtigen.

Rechts: Das Alte Rathaus am Luitpoldplatz in Deggendorf

Bodenmais
Wasserfall, Silberbergwerk, Wanderungen
25 km

Viechtach
Großer Pfahl, Gläserne Scheune, Stadt
35 km

Wir fahren weiter Richtung Grenze und biegen kurz zuvor links auf die Brennesstraße ein. Sie führt hinauf zum großen **Wandergebiet am Arber**.

Ab dem Großen Arbersee wird die Brennesstraße zur Arberseestraße. Sie bringt uns wieder talwärts, und wir landen in **Bodenmais**. Der Ort ist touristisch bestens erschlossen. Wer einen Stellplatz sucht, findet ihn im neuen Camping Resort Bodenmais im Süden des Ortes (campingresort-bodenmais.de, GPS: 49.057480, 13.104865). Zu besichtigen gibt es ein **Besucherbergwerk am Silberberg**, wo wir auch eine Sommerrodelbahn vorfinden. Sportlich Aktive wandern hinauf zum Arber, auf der Strecke liegen die **Wasserfälle am Riesloch**. Erholung verspricht der **Silberberg Bade- und Saunapark**.

Ab Bodenmais lichtet sich langsam der Wald und wir genießen die Fahrt über Drachselsried nach **Arnbruck**. Im großen **Weinfurtner Glasdorf** können wir das Ambiente bei Kaffee und Kuchen ausgiebig auf uns wirken lassen und nach Herzenslust shoppen. Von Arnbruck folgen wir der Landstraße nach **Viechtach** am Regen.

VIECHTACH IM TAL DES SCHWARZEN REGEN

Die Altstadt von Viechtach liegt zwischen dem **Großen Pfahl** und dem **Schwarzen Regen**. Besonders der Große Pfahl westlich des Ortes verdient einen Besuch. Er ist eines der großen Naturwunder und Geotope Bayerns und zieht sich eigentlich quer durch den gesamten Bayerischen Wald. Allerdings ragt der Pfahlrücken nur an wenigen Stellen wie bei Viechtach über die Erdoberfläche hinaus und wird so für Wanderer sichtbar.

Viechtach selbst besitzt wenige historische Bauten, Kriege und Brände haben alles vernichtet. Dennoch gibt es einige Glanzpunk-

Klosterkirche St. Michael der Benediktinerabtei Metten

te, z. B. die **Pfarrkirche St. Andreas** am Stadtplatz. Etwas versteckt hinter der Kirche liegt die **Friedhofskapelle St. Anna**, in der Reste eines Totentanz-Zyklus freigelegt wurden.

Zwischen Viechtach und Rauhbühl finden wir die Mühlhiasl-Wand in der **Gläsernen Scheune** (glaeserne-scheune.de). Die großflächigen Bilder wurden vom Glaskünstler Rudolf Schmid und seiner Familie geschaffen. Eine der Wände befasst sich mit dem **Waldpropheten Mühlhiasl**, der zwischen 1753 und 1805 im Bayerischen Wald gelebt hat. Er soll in die Zukunft gesehen haben, seine Weissagungen werden noch heute gelesen und mannigfaltig interpretiert.

ZURÜCK ZUR DONAU NACH DEGGENDORF UND METTEN

Ab Viechtach verlassen wir den Bayerischen Wald endgültig und fahren auf der B11 direkt nach **Deggendorf** an die Donau. Die Stadt entstand, weil an dieser Stelle die Donau verhältnismäßig leicht zu überqueren war. Die **Wallfahrtskirche zum Heiligen Grab Christi** zog Pilger an, und das brachte wirtschaftlichen Aufschwung, sodass man sich im 14. Jahrhundert ein großes, frei stehendes **Rathaus** leisten konnte, das noch heute den **Stadtplatz** beherrscht.

Wir bleiben am nördlichen Donauufer und folgen der kleinen Straße in Flussnähe nach **Metten**. Die 766 gegründete Benediktinerabtei Metten reiht sich in die barocken Klosterperlen entlang der Donau ein. Die **Bibliothek** gilt als einer der schönsten barocken Profanräume der Welt. Atlanten stüt-

Deggendorf
Altstadt, Donau, Kloster Metten
B20
27,5 km

AUSFLUG

DER ARBER UND SEINE TOUREN

Auf der Brennesstraße erreichen wir den Wanderparkplatz Brennes. Von dort ist es nur eine kurze Wanderung zum Kleinen Arbersee mit seinem Naturphänomen der »schwimmenden Inseln«. Etwas weiter auf der Straße erreichen wir mit dem Wohnmobil die Talstation des Arberliftes. Die kleinen Gondeln bringen uns hinauf zum Gipfelplateau, das wir auf einem Panoramaweg erkunden können. Anschließend verlockt die Eisensteiner Hütte zur zünftigen Einkehr. Weiter mit dem Wohnmobil kommen wir zum Großen Arbersee, den wir leicht bei einem Spaziergang umrunden können.

Stadtturm und Stadtplatz in Straubing

zen die mit Fresken verzierte Decke und bilden ein einzigartiges Kunstwerk (klostermetten.de).

Von Metten können wir auf kleinen Straßen entlang der Donau tingeln oder auf die Autobahn A3 Richtung Straubing abbiegen. Die dritte Alternative führt auf Landstraßen zunächst über Offenberg nach Niederwinkling und von dort südwärts nach **Bogen an der Donau**. Über dem kleinen Ort erhebt sich der **Bogenberg** mit seiner Wallfahrtskirche. Ein traumhafter Aussichtspunkt über die weite Donauebene und natürlich auch kunsthistorisch sehenswert. Einen Katzensprung von Bogen entfernt liegt **Oberalteich** mit seinem Benediktinerkloster, eine weitere Donauperle und Hauskloster der Grafen von Bogen. Weiter donauaufwärts queren wir bald den Fluss und steuern **Straubing** an.

Bogen
Wallfahrtskirche, Bogenberg
12 km

Straubing
Altstadt, Gäubodenmuseum B8
45 km

Donaustauf
Walhalla, Burgruine
10 km

Regensburg
Altstadt, Schloss, Donau, St. Emmeram, Steinerne Brücke, Haus der bayerischen Geschichte, Dom, Schifffahrt A93 B16
13 km

STRAUBING – ZENTRUM DES GÄUBODENS

Als Gäuboden bezeichnet man die fruchtbare Lösslandschaft südlich der Donau, die seit Jahrhunderten für reiche Ernten sorgt. Straubing gilt als das Zentrum. Dem Gäuboden ist ein eigenes Museum gewidmet (gaeubodenmuseum.de), und seit 200 Jahren gibt es immer im August ein großes Volksfest, das Gäubodenfest. Die Altstadt, allen voran der weite Stadtplatz, ist voller pulsierendem Leben. Das Patrozinium der **Pfarrkirche St. Jakob** erinnert daran, dass der Ort einst eine wichtige Station auf dem Pilgerweg nach Santiago de Compostela war. Eine Kapelle neben der romanischen **Peterskirche** ist die Grablege der unglücklichen Baderstochter **Agnes Bernauer**, die der Wittelsbacher Thronerbe Albrecht III. gegen den Willen des Vaters Herzog Ernst 1432 geheiratet hatte. Als »Hexe« wurde sie auf Befehl des Herzogs in der Donau ertränkt.

WALHALLA UND DONAUSTAUF

Diesmal bleiben wir am südlichen Donauufer und folgen der B8 nach Westen. Erst kurz nach Pfatter verlassen wir die Bundesstraße und queren die Donau nach **Wiesent**. Dort kann man nachmittags den **Nepal Himalaya Pavillon** besuchen, eine prächtige asiatische Gartenanlage, die nördlich des Ortes liegt (nepal-himalaya-pavillon.de). Ansonsten ist unser nächstes Ziel die **Walhalla** kurz vor

Links: Gleich einem griechischen Tempel wurde die Walhalla über der Donau errichtet.

Rechts: Die Burgruine Donaustauf erzählt von der wechselvollen Geschichte.

Donaustauf. Sie wurde im Auftrag von König Ludwig I. von Bayern durch Leo von Klenze gebaut. Optisch ist sie ein Abbild des berühmten Parthenons auf der Athener Akropolis. Ihr Inneres bewahrt das Andenken an verdiente Frauen und Männer Deutschlands. Bis heute wird der Reigen der Personen vergrößert, zuletzt kamen beispielsweise Sophie Scholl, Käthe Kollwitz, Edith Stein und Heinrich Heine dazu.

Kurz darauf sind wir in **Donaustauf**. Der kleine Ort schmiegt sich um einen Granithügel, auf dem wohl schon im 10. Jahrhundert als Verteidigungsbastion gegen die Ungarneinfälle eine Burg errichtet wurde. Seit die Schweden sie im Dreißigjährigen Krieg zerstört haben, ist die Burg eine Ruine. In Donaustauf gibt es einen Stellplatz – ideal, um am nächsten Tag Regensburg zu besuchen.

REGENSBURG UND SEIN UNESCO-WELTERBE

Zweifellos, **Regensburg** ist eine eigene Reise wert. Wie kaum eine andere Stadt in Deutschland hat sie ihr perfektes historisches Stadtbild erhalten. Aber nicht als Museumsareal, sondern voller Leben und Energie. Nicht umsonst ist seit 2006 die Altstadt in das **UNESCO-Welterbe** aufgenommen worden. Kaum einer weiß, dass Regensburg seit über zweitausend Jahren ununterbrochen bewohnt wird. Selbst nach dem Rückzug der Römer blieb die Stadt erhalten. Zwischen 500 und 788 diente der Ort den Agilolfingern als Herrschersitz und war damit eine frühmittelalterliche Hauptstadt in Bayern. Im späten Mittelalter gehörte Regensburg schon zu den reichsten Städten Deutschlands, und so konnte man es sich leisten, zwischen 1135 und 1146 eine steinerne Brücke über die Donau zu bauen. Der Wegezoll spülte weitere Einnahmen in die Kassen der Stadt, also kam der Dom hinzu, der dann aber doch eine lange Bauzeit benötigte und erst 1859 vollendet war.

Zur besseren Orientierung beginnen wir an der **Steinernen Brücke** über die Donau. Südlich davon liegt die Altstadt mit dem **Dom**, dem **Schloss Thurn und Taxis** und den unzähligen Gassen, die von einem Platz zum nächsten führen und dabei alle wichtigen Sehenswürdigkeiten berühren. Vom Domplatz über den Neupfarrplatz zum Haidplatz

Vor dem Stadttheater in Regensburg

und Rathausplatz – aus dem Staunen kommt man nicht heraus.

An klerikalen Bauwerken sollte man neben dem Dom das **Kloster St. Emmeram**, die Hauskirche der Thurn und Taxis, sowie die **Schottenkirche** mit ihrem alten Portal besichtigen. Neu ist das **Haus der bayerischen Geschichte**, ein Museum, das man direkt an der Donau errichtet hat und das sehr unterhaltsam einige Facetten der bayerischen Geschichte beleuchtet, interessanterweise aber auch einige völlig auslässt (museum.bayern).

Den Rundgang durch Regensburg können wir nördlich der Steinernen Brücke fortsetzen. Sie führt uns auf die **Insel Wöhrd** mit ihren schönen Grünanlagen und der schönsten Aussicht auf die Altstadtsilhouette. Über den nächsten Donauarm gelangen wir in den Stadtteil **Stadtamhof**, der ebenfalls auf einer Insel liegt. Wer Zeit hat, bleibt bis zum Abend in Regensburg. Wenn die Sonne in der Donau versinkt, sitzen an ihrem Ufer Studenten, Touristen und Einheimische und genießen das Leben am Wasser.

ÜBER THERMEN ZUR BEFREIUNGSHALLE IN KELHEIM

Nach der Stadtbesichtigung von Regensburg schwingen wir uns auf die A93 und fah-

SPECIAL

WOMO-NÖTE IN REGENSBURG

Leider ist für Wohnmobilfahrer kein Platz in Regensburg vorgesehen. Es gibt keinen offiziellen Wohnmobilstellplatz, nur ein Campingplatz steht zur Verfügung, und der liegt außerhalb der Altstadt. Nicht einmal tagsüber sind wir gern gesehen, alle stadtnahen größeren Parkplätze, etwa der Dultplatz oder der Parkplatz Unterer Wöhrd, sind den Schildern nach für Wohnmobilfahrer verboten. Laut Ordnungsamt gilt zwar die Devise, dass ein als Pkw zugelassenes Wohnmobil überall parken darf, wo auch Pkws parken dürfen, außer es ist ausdrücklich verboten. Im Stadtbereich findet man aber kaum Parkplätze, sie sind meist für Anwohner. Man kann versuchen, im Bereich nördlich der Donau einen Parkplatz zu finden, aber selbst die Touristinfo konnte uns keinen passenden nennen. Da hilft nur eines: entweder gleich bis Bad Abbach (siehe rechte Seite) weiterfahren oder aus einem der Nachbarorte mit dem Zug anreisen.

ren in Richtung Süden bzw. München. Bereits an der Ausfahrt Regensburg-Süd verlassen wir aber die Autobahn und wählen die B16, die uns nach **Bad Abbach** bringt. Auf dem Burghügel des hübschen Kurorts thront ein alter **Bergfried**, in dem laut dem bayerischen Geschichtsschreiber Aventinus 973 Kaiser Heinrich II. zur Welt gekommen ist. Südlich davon liegt die **Kaiser-Therme**, eine Wellnessoase mit Saunalandschaft, Thermalwasser und einem netten Stellplatz. Die B16 bringt uns auch weiter flussaufwärts, und bald erreichen wir **Kelheim**, wo wir ebenfalls einen Stellplatz finden.

KELHEIM UND WELTENBURGER ENGE

In Kelheim sind wir am Ende der Ostbayern-Route angekommen. Die kleine Stadt am Zusammenfluss von Donau und Main-Donau-Kanal, der gleichzeitig die Altmühl ist, wird von der markanten **Befreiungshalle** dominiert, zu der wir mit einer kurzen Wanderung kommen. Bevor wir Abschied nehmen, buchen wir uns noch ein Schiffsticket und fahren mit einem Ausflugsdampfer auf der Donau durch die **Weltenburger Enge** zum Kloster Weltenburg. Die Felsen der Frankenalb pressen den Fluss in einer Schlucht auf weniger als 100 Meter zusammen – den Donaudurchbruch. Eine durch die starke Strömung gefährliche und dramatische Stelle, durch die sich auch Motorschiffe vorsichtig hindurchmanövrieren müssen.

Flussaufwärts führte früher ein Treidlpfad, auf dem die Schiffe gegen die Strömung gezogen wurden. Heute ist der Pfad ein beliebter Wanderweg zum berühmten **Kloster Weltenburg**. Bekannt ist es für seine pompöse Asamkirche mit der raffinierten Lichtführung sowie für das süffige Bier der Klosterbrauerei. Weltenburg kann man auch mit dem Wohnmobil auf dem Landweg ansteuern. Wer jedoch vom leckeren Gerstensaft probieren möchte, nutzt lieber das Schiff und nächtigt dann in seinem eigenen Hotel auf Rädern direkt am Donauufer in Kelheim.

Unsere Entdeckungsreise durch Bayern lässt sich hier hervorragend mit der Tour 5 fortsetzen. Einen kurzen Abstecher nach Süden in den Ort **Abensberg** wollen wir an dieser Stelle aber nicht unerwähnt lassen. Denn in Abensberg hat die Brauerei Kuchlbauer ihren Firmensitz. Im hauseigenen Biergarten erhebt sich der weithin sichtbare **Hundertwasserturm**, eine echte Attraktion, die man zusammen mit einer bayerischen Brotzeit bestens genießen kann.

Das Kloster Weltenburg bildet den Abschluss dieser Reise.

Bad Abbach
Kaiser-Therme, Kurpark, Heinrichsturm
B16
16 km

Kelheim
Befreiungshalle, Donaudurchbruch, Altstadt, Weltenburg

Ziel

PRAKTISCHE HINWEISE

TOURISTINFORMATIONEN

Touristinformation Waldkirchen
Marktplatz 17, 94065 Waldkirchen,
Tel. 08581/194 33, waldkirchen.de

Touristinformation Freyung
Stadtplatz 10, 94078 Freyung,
Tel. 08531/97 55 80, freyung.de

Touristinformation Zwiesel
Stadtplatz 27, 94227 Zwiesel,
Tel. 09922/840 50, zwiesel.de

Touristinformation Viechtach
Stadtplatz 1, 94234 Viechtach,
Tel. 09942/80 82 50, viechtacher-land.de

Touristinformation Straubing
Fraunhoferstr. 27, 94315 Straubing,
Tel. 09421/94 46 91 99, straubing.de

Touristinformation Regensburg
Rathausplatz 4, 93047 Regensburg,
Tel. 0941/507 44 10, regensburg.de

Touristinformation Kelheim
Ludwigsplatz 1, 93309 Kelheim,
Tel. 09441/70 12 34, kehlheim.de

CAMPING- UND STELLPLÄTZE

S 400 **Wohnmobilstellplatz Karoli-Badepark Waldkirchen** (S. 172/C5)
Vdk-Heimstr. 1, 94065 Waldkirchen,
Tel. 08581/194 33
GPS: 48.722396, 13.603405
Ruhiger Stellplatz neben dem Schwimmbad. Perfekt für den Einstieg in die Saußbachklamm. Strom, Wasser, Abwasser – alles da!

S 401 **Wohnmobilstellplatz Solla**
(S. 172/C4), Solla 2 a 1, 94078 Freyung
GPS: 48.801080, 13.541280
12 Stellplätze, ruhig am Waldrand gelegen, Strom und Abwasser vorhanden. Wanderwege, Geschäfte und die Ortsmitte sind zu Fuß erreichbar.

Am Stellplatz in Freyung kann man im Kreis parken. (S 401)

C 402 **Camping am Nationalpark**
(S. 172/B4), Bergstr. 44,
94518 Klingenbrunn/Spiegelau,
Tel. 08553/727, camping-nationalpark.de
GPS: 48.916851, 13.333010
Reizvoll mitten im Wald und trotzdem lichtdurchflutet, liegt zwischen Klingenbrunn und Spiegelau der Campingplatz mit modernen Sanitäranlagen und WLAN. Der Platz ist hervorragend geeignet für alle, die den Bayerischen Wald etwas erwandern möchten. Die nächste Bushaltestelle ist nur 10 Minuten entfernt. Das ist perfekt, denn mit der Nationalpark-Card, die jeder Gast erhält, sind beliebig viele Fahrten mit dem Bus oder sogar der Waldbahn möglich. Vor allem der Igelbus bringt uns zu den besten Startplätzen für die Wanderungen im Nationalpark.

C/S 403 **Campingplatz Tröpplkeller**
(S. 172/B3), Tröpplkeller 48, 94227 Zwiesel,
Tel. 09922/603 91, troepplkeller.de
GPS: 49.013273, 13.210260

Der Campingplatz am Nationalpark ist idyllisch von Wald umgeben, ein Eldorado für Familien mit Kindern. (C 402)

Direkt neben dem Karolibad liegt der Stellplatz von Waldkirchen. (S 400)

Der Campingplatz Schnitzmühle ist von A bis Z ein echter Urlaubstraum. (C 405)

Großflächiger Campingplatz direkt am Schwarzen Regen, westlich von Zwiesel gelegen. Es gibt ein traditionsreiches Gasthaus am Platz. Für einen längeren Aufenthalt benützt man den Campingplatz, es gibt aber auch 7 Stellplätze für den kürzeren Aufenthalt vor der Einfahrt. Sanitäreinrichtung am Campingplatz.

S 404 Wohnmobilstellplatz Lindberg
(S. 172/B3), Eisensteiner Str. 3,
94227 Ludwigsthal
GPS: 49.056095, 13.236256
Kostenlose Stellplätze der Gemeinde Lindberg im Ortsteil Ludwigsthal. Die Plätze befinden sich gegenüber von Schloss Ludwigsthal, es gibt aber keinerlei Versorgung.

Einmal umfallen aus der Therme in Bad Abbach und dann gute Nacht! (S 411)

C 405 Campingplatz Schnitzmühle
(S. 172/A3), Schnitzmühle 1,
94234 Viechtach, Tel. 09942/94810,
schnitzmuehle.de
GPS: 49.068587, 12.913383
Das nennt man Cool-Glamping! Wunderbarer Campingplatz direkt am Schwarzen Regen, mit Wellness, Lodges und einem herrlichen Badeweiher. Viele Freizeitangebote, aber das Ganze völlig abseits gelegen und deshalb ideal für Ausruhtage.

S 406 Wohnmobilstellplatz Viechtach
(S. 172/A3), Friedhofstr. 11, 94234 Viechtach
GPS: 49.077668, 12.885002
Nur 3 Minuten zur Stadtmitte, aber ganz einfacher Stellplatz ohne Serviceleistungen. Wasser und Abwasser könnte man gegen Gebühr an der Viechtacher Kläranlage bekommen und loswerden.

S 407 Wohnmobilstellplatz Am Hagen
(S. 171/H4), Am Hagen, 94315 Straubing
GPS: 48.884254, 12.565996
Stadtnaher einfacher Stellplatz auf einem großen Parkplatz ohne jeden Service. Nur Toiletten gibt es. Während des Gäu-

In Fußnähe zur Altstadt – bequemer geht es in Straubing kaum. (S 407)

bodenfestes im August ist der Platz allerdings gesperrt.

C 408 Campingplatz Straubing
(S. 171/H4), Wundermühlweg 9,
94315 Straubing, Tel. 09421/897 94,
campingplatzstraubing.de
GPS: 48.893122, 12.577280
Der auf einer Donauinsel liegende Platz wurde naturnah unter vielen Bäumen für ca. 70 Camper geschaffen. 2 km nach Straubing.

S 409 Wohnmobilstellplatz Donaustauf
(S. 171/G3), Eichendorffstr.,
93093 Donaustauf
GPS: 49.028305,12.205255
Der kleine und einfache, aber von Bäumen umrandete Stellplatz liegt 10 km östlich von Regensburg. Keinerlei Ausstattung.

C 410 Azur Camping Regensburg
(S. 171/F3), Weinweg 40,
93049 Regensburg, Tel. 0711/409 35 10,
azur-camping.com
GPS: 49.027746, 12.058839
Gut ausgestatteter Campingplatz, für die Besichtigung Regensburgs ideal. Mit dem Rad ca. 3 km an der Donau entlang zur Stadtmitte oder mit den öffentlichen Verkehrsmitteln. Schöner See direkt neben dem Campingplatz.

S 411 Wohnmobilstellplatz Bad Abbach
(S. 171/F3), Kurallee 4, 93077 Bad Abbach
GPS: 48.927199, 12.041040
34 Stellplätze in ruhiger Landschaft direkt an der Kaiser-Therme. Ideal auch, um Regensburg zu erkunden. Der Bus hält direkt vor dem Platz und fährt ohne Umsteigen in die Altstadt.

S 412 Wohnmobilstellplatz Kelheim Am Pflegerspitz (S. 171/F3)
Am Pflegerspitz 1, 93309 Kelheim
GPS: 48.915061, 11.875926
Ein sonniger Stellplatz neben den Tennisplätzen unweit der Donau. Die Schiffsanlegestelle ist fußläufig erreichbar, alle Versorgungs-/Entsorgungseinrichtungen vorhanden. Die Pizzeria Riviera gleich gegenüber ist eine Empfehlung wert.

C 413 Campingplatz Dietz bei Kelheim
(S. 171/F3), Bootsweg 3, 93309 Kelheim,
Tel. 09405/53 35, kelheim.de
GPS: 48.930810, 11.987978
Der Campingplatz liegt zwischen Kelheim und Bad Abbach am nördlichen Donauufer an einem Jachthafen.

5 FLUSSLANDSCHAFT IM ALTMÜHLTAL – EIN HERZSTÜCK MITTELFRANKENS

Von Kelheim nach Treuchtlingen

Karge Wacholderheiden, wilde Felskanten und Riffe, große Schafherden, ockerfarbene Steinbrüche, Fossilien aus der Jurazeit, trutzige Burgen und Schlösser sowie fröhliche Kanufahrer und eine quirlige Bistumsstadt – das alles bietet das romantische Altmühltal, welches sich von Kelheim bis Treuchtlingen zieht. Es ist ein Naturpark mit einer eigenwilligen Flusslandschaft, die den Spagat zwischen herber Wildheit und lieblicher Schönheit perfekt meistert.

Die Altmühl bei Riedenburg

ENTLANG DES MAIN-DONAU-KANALS

In Kelheim (siehe Tour 4) startend, folgen wir dem **Main-Donau-Kanal**, der hier in der Donau endet, an seinem Nordufer flussaufwärts. Der Kanal verbindet auf gut 170 Kilometer Länge den Main mit der Donau und teilt sich in seinem unteren Lauf das Flussbett mit der Altmühl. Gleich nach den ersten Kilometern bremst uns die **Tropfsteinhöhle Schulerloch** aus (schulerloch.de). Eine Führung verspricht aber ein faszinierendes Höhlenabenteuer.

Danach erreichen wir **Essing**. Der kleine Ort duckt sich unter grauen Felshängen, von denen die Burg Randeck mit ihrem hohen Turm über die Flusslandschaft wacht. Eine alte Holzbrücke überspannt den Fluss. In den Karsthängen liegen noch mehr Höhlen verstreut. Weiter entlang des Kanals bewundern wir bald **Burg Prunn**, hoch und markant aufragend über dem Fluss. Sie wurde 1037 erstmals urkundlich erwähnt und lässt sich besichtigen (burg-prunn.de).

RIEDENBURG, PERLE DES ALTMÜHLTALS

Kurz darauf sind wir im malerisch gelegenen Luftkurort **Riedenburg**, über dem – so verrät es schon der Name – sich wieder eine Burg erhebt. Die mittelalterliche Rosenburg ist eine äußerst stimmige Kulisse für die Besichtigung eines **Falkenhofs**. Zweimal täglich erlebt man dort während einer Flugshow die unglaublichen Flugkünste von Greifvögeln (falkenhof-rosenburg.de).

Zudem lohnt ein Bummel durch den Ort Riedenburg unten im Tal. Rund um den netten Marktplatz gibt es einige Einkehrmöglichkeiten. Bei einem Spaziergang entlang der Altmühl kann man den Ausflugsbooten zusehen oder gleich selbst eine Runde mitfahren. In eine Glitzerwelt tauchen wir im **Kristallmuseum**. Dort dreht sich alles um edle Kristalle und wir können die größte Bergkristallgruppe der Welt besichtigen. Gleich daneben liegt die Fasslwirtschaft, die eine urige Einkehr garantiert.

Nördlich von Riedenburg gibt es den herrlichen **Badesee St. Agatha** und eine Sommerrodelbahn am Speckelsberg. Rund

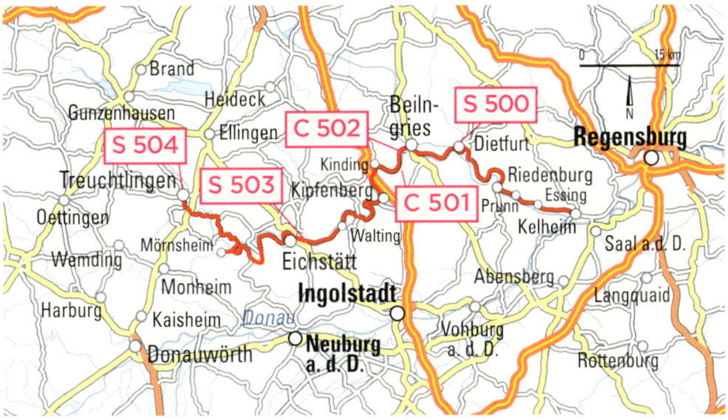

ROUTE 5

START- UND ENDPUNKT
Kelheim und Treuchtlingen

STRECKEN
überwiegend Land- und Nebenstraßen

STRECKENLÄNGE
ca. 128 Kilometer

FAHRZEIT
4 bis 5 Tage

BESTE JAHRESZEIT
April bis Oktober

Start

Kehlheim

16,5 km

Riedenburg

Rosenburg, Burg Prunn, Kristallmuseum

27,5 km

Essing wurde 976 das erste Mal urkundlich erwähnt.

Die Idee für einen Main-Donau-Kanal gab es bereits unter Karl dem Großen. Aus dem Fossa Carolina wurde später der Ludwig-Donau-Main-Kanal, von dem man noch Reste bei Dietfurt besichtigen kann.

um diesen windet sich dann schon die erste Flussschleife, und obwohl wir noch immer dem Main-Donau-Kanal folgen, verändert sich die Landschaft. Mit seinen Auen und den zahlreichen Altwasserbecken wirkt der Kanal wie ein natürlicher Fluss.

ÜBER DIETFURT AN DER ALTMÜHL

Bei Gundlfing queren wir wieder die Altmühl und freuen uns über den schönen Streckenverlauf. Von den Uferseiten grüßen uns Schloss Eggersberg und die Ruine Flügelsberg, bis wir in **Dietfurt** einfahren. Hier trennt sich nun die Altmühl vom Kanal. Unweit der großen Brücke (Stellplatz, siehe »Praktische Hinweise«) kann man sich die alte Schleuse des historischen Ludwig-Donau-Main-Kanals ansehen. Wer möchte, besucht das historische **Erlebnisdorf Alcmona**, das Besucher in ein prähistorisches Zeitalter versetzt (alcmona.de). Pate für diesen Namen ist die Altmühl selbst, die bis ins späte Mittelalter Alcmona, »langsames Wasser«, hieß. Originalfundstücke aus dieser und aus anderen Epochen kann man im **Hollerhaus-Museum** neben der Stadtpfarrkirche besichtigen. Außerdem gibt es in Dietfurt eine herrliche Stadtmauer und einige gute Restaurants.

Ab Dietfurt fahren wir an der Altmühl weiter; es geht durch Töging, mit etwas Abstand vorbei an Grögling, wo sich ein Abstecher zum Café im Holzhaus lohnt. Zur wunderbaren Aussicht auf den Fluss gibt es hausgemachte leckere Kuchen, nur leider wenige Parkplätze. Dann sind wir in **Kottingwörth**, dessen größte Sehenswürdigkeit sich in der Pfarrkirche St. Vitus versteckt. Eine der Seitenkapellen ist mit romanischen Fresken ausgemalt. Danach sind wir schnell in **Beilngries**, wo wir gut übernachten können.

AUSFLUG

KURZE RADTOUR AB DIETFURT

Den Stellplatz in Dietfurt haben wir für Fahrradfans erwähnt. Von dort kann man zu einer herrlichen Radrunde von etwa 24 Kilometern starten, die uns entlang des Main-Donau-Kanals nach Beilngries führt. Von dort schwenkt die Route nach Süden und folgt dem Altmühltal-Radweg zurück nach Dietfurt. Das Altmühltal ist bekannt für seinen Radfernweg, der sich jedoch oft schwer als Rundweg kombinieren lässt. Hier hat man die Gelegenheit dazu!

HISTORISCHES BEILNGRIES

Die größte Attraktion der Stadt ist das auf einer Bergzunge thronende **Schloss Hirschberg**. Als die alte Burg 1632 durch einen Blitzschlag abbrannte, entschloss man sich zu einem Neubau im schönsten Rokoko-Stil. Nur die beiden Burgtürme, die ursprünglich den Eingang des Vorgängerbaus schützen sollten, ließ man stehen. Zurück in der Beilngrieser Hauptstraße, die teilweise Fußgängerzone ist, können wir die Altstadt mit den mittelalterlichen Stadttürmen, dem barocken Rathaus und der Pfarrkirche St. Walbur-

Der Gasthof zur Krone in Beilngries ist eine gute Adresse für eine gemütliche Einkehr.

Beilngries
Köttingwörth, Schloss Hirschberg
14,5 km

Die lang gestreckte Fassade des Schlosses Hirschberg öffnet sich nach Westen.

Vom Michaelsberg blickt man auf das Altmühltal und Kipfenberg mit der Burg.

ga mit ihren prächtig bunt glasierten Türmen erkunden oder in aller Ruhe in einer der zahlreichen Gaststätten einkehren.

IMMER FLUSSAUFWÄRTS

Weiter geht es für uns flussaufwärts. In den Wäldern entlang des Ufers verstecken sich unzählige Hügelgräber, die alle die frühe Besiedelung des Tales bezeugen. Der nächste größere Ort ist **Markt Kinding**, wo Anlauter und Schwarzach in die Altmühl münden. Beide Flüsse samt ihren Tälern lassen sich gut mit dem Fahrrad erkunden. Die Pfarrkirche Maria Geburt ist eine Wehrkirche, ihre Wehrmauern sind vollständig erhalten.

Kipfenberg
Burg, Römer- und Bajuwaren Museum, Wachholderheiden
18 km

Pfünz
Römerkastell, Mittelalterbrücke
6 km

Die Johanniskirche von Böhming steht innerhalb eines ehemaligen römischen Kastells, das noch als Bodenerhebung sichtbar ist.

Kurze Zeit später sind wir in **Markt Kipfenberg**. Über dem Ort stand schon in der Bronzezeit eine Befestigungsanlage, während der Ungarneinfälle wurde sie als Fliehburg genutzt, und heute beherbergt sie das **Römer und Bajuwaren Museum**. Den schönsten Blick auf den Ort und die Burg hat man vom benachbarten Michaelsberg, den man aber zu Fuß besteigen muss. Übrigens führte mitten durch den heutigen Markt der römische Limes, westlich des Ortes kann man ihn im Wald sehr gut verfolgen.

Ein kurzes Stück weiter die Altmühl aufwärts kommen wir nach **Böhming**. Seine Kirche steht etwas außerhalb des Dorfes an der Stelle eines römischen Kastells. Noch ein Stück weiter, in **Arnsberg**, stand ebenfalls eine Burg, die, zum Hotel umgebaut, mit einem Biergarten punktet, der die Besucher weit ins Altmühltal blicken lässt. Langsam beginnen die **Wacholderheiden** links und rechts des Flusses, die durch ihre karge Vegetation dem Landschaftsbild einen ganz eigenen Charakter geben.

Wir erreichen **Pfünz** mit seiner historischen Steinbrücke, die gern als Römerbrücke bezeichnet wird. So alt ist sie aber nicht, vermutlich wurde sie um 1468 erbaut. Früher lief der gesamte Verkehr im Altmühltal über ihre Bögen, heute gibt es einen Neubau, und die Brücke ist nur den Spaziergängern, Wanderern und Radfahrern vorbehalten. Richtig alt ist in Pfünz jedoch das ehemalige Römerkastell **Castra Vetoniana**, das einst eine ganze Kohorte, also 400 Mann, aufnehmen

Schloss Arnsberg ist heute ein wunderschönes Hotel hoch über der Altmühl.

Die Römerbrücke überspannt die Altmühl bei Pfünz.

Der Hofgarten mit der ehemaligen fürstbischöflichen Sommerresidenz in Eichstätt

konnte. Die Zufahrt hinauf zum Kastell ist sehr steil, man kann es aber auch zu Fuß besuchen. Nachbauten zeigen die einstige Größe der Anlage.

DIE BISTUMSSTADT EICHSTÄTT

Wenige Kilometer später erreichen wir **Eichstätt**, die alte ehrwürdige Bischofsstadt und die »Hauptstadt« des Altmühltals. Die Geschichte der Stadt beginnt so richtig im 8. Jahrhundert, und sie ist eng mit England verbunden. Denn zu dieser Zeit waren die Engländer vollkommen christianisiert; in ihren christlichen Zentren, den Klöstern, herrschte die Vorstellung, man solle die Heimat verlassen, um in der Fremde als Christ zu leben und natürlich heidnische Völker zu missionieren. Dazu musste man nicht einmal Mönch sein. **Willibald**, **Wunibald** und **Walburga**, Kinder eines Königs aus Wessex, folgten diesem Auftrag und trafen nach einer langen Wanderung in der Gegend des heutigen Eichstätts ein, wo sich Willibald etwa ab 741 als Bischof niederließ.

Eichstätt
Barockes Stadtbild, Dom, Mortuarium, Residenz, Willibaldsburg, Steinbrüche
18 km

Bis 1802 sollten seine Nachfolger nicht nur als Bischöfe regieren, sondern auch die weltliche Macht als Fürsten in einem Hochstift ausüben. Dabei waren die beiden Gebiete nicht deckungsgleich, das Hochstift war sehr viel kleiner als das Diözesangebiet. Dort, wo sich beide Gebiete deckten, hatte die Reformation keine Chance. Das sollte sich im Dreißigjährigen Krieg bitter rächen, denn keine andere Stadt wurde von den Schweden so gründlich zerstört wie das katholische Eichstätt. Noch 1685 waren die meisten Wohnhäuser der Stadt Ruinen.

Erst als der Fürstbischof Johann Euchar Schenk von Castell allen Eichstättern, die dreistöckige, gemauerte und mit Ziegeln gedeckte Häuser bauten, langjährige Steuerfreiheit, kostenloses Bauholz und billige Grundstücke versprach, begannen sich die Baulücken zu schließen. Durch diesen Wiederaufbau innerhalb eines verhältnismäßig kurzen Zeitraumes von kaum 50 Jahren hat Eichstätt sein unverwechselbares barockes Gesicht erhalten, das vor allem der geniale Barockbaumeister Gabriel de Gabrieli geprägt hat.

Hinter der Mariensäule am Residenzplatz sind es nur wenige Schritte zum Dom.

Der Burgsteinfelsen bei Dollnstein ist eine weithin sichtbare Landmarke.

1958 gründeten die Bischöfe eine pädagogische Hochschule, aus der sich dann die **Universität Eichstätt** entwickelte. Obwohl und wahrscheinlich weil sie die kleinste Universität Bayerns ist, ist sie bei den Studierenden außerordentlich beliebt. Sie hat Eichstätt sein heute junges Gesicht gegeben.

RUNDGANG DURCH EICHSTÄTT

Einen Rundgang beginnt man am besten im Dom. Im Inneren erwartet uns ein gotisches, hohes dreischiffiges Langhaus mit einem eleganten Kreuzrippengewölbe. Drei Objekte stechen aus der Fülle von Kunstschätzen besonders hervor. Zum einen die lebensgroße Sitzfigur des Bistumsgründers Willibald, deren detailgetreue Ausarbeitung, die Mimik eines alten Mannes, im formvollendeten Stil der Renaissance ausgeführt wurde. Die nächste Figur ist die Siboto-Madonna von 1297. Der Künstler hatte sich von der strengen Romanik getrennt. Der bewegte Faltenwurf des Kleides und der zarte, über das lockige Haar herabfallende Schleier sprechen ganz die Gestaltungssprache der Gotik. Nur das Gesicht Marias erinnert mit den distanziert ruhigen Zügen noch ein klein wenig an die vergangene Romanik, doch schon das Jesuskind mit seinem verschmitzten Lächeln lässt das völlig vergessen. Das dritte Highlight im Dom sind der Kreuzgang und das **Mortuarium**. Die zweischiffige gotische Säulenhalle stammt aus dem späten 15. Jahrhundert und diente den Domherren als Grablege. Die **Glasgemälde** mit dem Jüngsten Gericht schuf Hans Holbein der Ältere.

Vom Mortuarium aus kann man das **Diözesanmuseum** besuchen, das einen Einblick in die Geschichte des Bistums bietet. Oder man betritt den **Residenzplatz** mit dem Marienbrunnen, die vornehme Stube der Stadt. Direkt an den Dom ist die fürstbischöfliche Residenz angebaut. Der Dreiflügelanlage aus dem Ende des 17. Jahrhunderts stehen in einem weiten Halbrund die Häuser der fürstbischöflichen Verwaltung gegenüber. Die einheitliche Gestaltung verdanken wir erneut dem Architekten Gabriel de Gabrieli. Nördlich davon treffen wir auf den **Marktplatz** mit dem Rathaus und dem Willibaldsbrunnen sowie einigen netten Cafés.

Rechts: Oft sieht man Schafherden die Weiden und Hänge im Altmühltal abgrasen. Sie sorgen z. B. bei Dollnstein für den Erhalt der Flora und dienen der Landschaftspflege.

Zurück am Dom, kommen wir an der evangelischen Erlöserkirche vorbei zum **Leonrodplatz** mit der Schutzengelkirche. Die Ostenstraße bringt uns schnell zum Hofgarten und damit zur **Fürstbischöflichen Sommerresidenz**. Weitere wichtige Stationen in der Stadt sind die **Benediktinerinnenabtei St. Walburg** sowie die **Willibaldsburg**, die vom Tal aus gesehen eher einem gewaltigen Renaissanceschloss als einer Burg gleicht. Betritt man sie aber durch einen 65 Meter langen Gang im mächtigen Torbau, so wird klar, dass sie auch zu Zeiten Napoleons noch eine respektable Festung gewesen ist. Heute sind das Juramuseum und das Museum für Vor- und Frühgeschichte in der Willibaldsburg untergebracht.

Wer noch Zeit hat, sollte in Eichstätt auch die Steinbrüche auf dem Blumenberg besuchen, um dort einmal selbst sein Glück bei der **Fossiliensuche** zu versuchen. Spaß macht außerdem eine **Radtour** flussaufwärts entlang der Altmühl. Zwischen Eichstätt und Treuchtlingen verläuft die Bahn durch das Tal, sie bringt uns jederzeit zurück zum Ausgangspunkt.

FLUSSLANDSCHAFTEN AUF DEM WEG NACH TREUCHTLINGEN

Wir setzen unsere Fahrt durch das Altmühltal fort und folgen der Altmühl nach **Dollnstein**. Als der Ort 1387 das Marktrecht erhielt, bauten die Bürger eine Stadtmauer, die immer noch erhalten ist. Die Burg dagegen ist in ihren oberen Teilen praktisch verschwunden, in ihrem unteren Teil beherbergt sie das Altmühlzentrum Burg Dollnstein mit um

Weite Felder liegen bedeckt vom Morgennebel im Naturpark Altmühltal.

Solnhofen mit seiner Sola Basilika gehörte früher zu Fulda und war eines der ersten religiösen Zentren im Land. Wie auch Willibald kam der Hl. Sola aus England ins Altmühtal.

fangreichen Ausstellungen, unter anderem zur Altmühlregion.

Weiter flussauf erreichen wir **Altendorf**, wo die Gailach in die Altmühl mündet. Ihre wasserreiche Quelle in Mühlheim, nur vier Kilometer südwärts, kann man besuchen. Dabei passiert man den Markt **Mörnsheim** mit seiner aussichtsreichen Burgruine. Sie erlaubt einen weiten Blick über das gesamte Tal und auf die vielen Steinbrüche, in denen die berühmten Solnhofener Platten gewonnen werden.

Solnhofen im Altmühltal erreichen wir kurz darauf. Es ist ein idealer Ausgangspunkt für kurze und längere Wanderungen wie z. B. zur berühmten Felsenformation der »Zwölf Apostel«, die hier über das Tal wacht. Nicht vergessen darf man die uralte **Sola-Basilika** in der Ortsmitte und das **Bürgermeister-Müller-Museum** (museum-solnhofen.de) mit seinen vogelartigen Fossilien, dem Archaeopteryx und Wellhoferia. Auch hier bietet ein Hobbysteinbruch die Gelegenheit, selbst nach Versteinerungen zu suchen

SPECIAL

NATURPARK ALTMÜHLTAL UND JURA

Die Geschichte beginnt im Jura vor 200 Millionen Jahren. Damals lag in Mitteleuropa ein Meer, das von Schalentieren wie Ammoniten und Belemniten bewohnt war. Nach ihrem Tod sanken sie auf den Meeresgrund, die organischen Teile verwesten, und aus den Schalen entstand der bekannte Jurakalk. Reste von Tier- oder Pflanzenkörpern wurden immer wieder von Kalkschichten eingeschlossen. Am Ende der Jurazeit hob sich der Meeresboden und das Meer verlandete. Heute liegen die Juraschichten so nahe an der Erdoberfläche, dass sie bequem in Steinbrüchen abgebaut werden können. Der fossilreiche Kalkstein machte die Gegend um Eichstätt weltberühmt. Und natürlich prägte die Altmühl samt Nebenflüssen die Landschaft. Während die Altmühl stets Wasser mit sich führt, sind die Uferhänge trocken und mager. Sie bilden den Lebensraum für eine einzigartige Fauna und Flora. Auf den Trockenrasen fühlt sich der Wacholder wohl, wilde Rosen, Schlehen und Weißdorn gedeihen. Auf den Wiesen wachsen seltene Schönheiten wie Küchenschellen oder Felsennelken (naturpark-altmuehltal.de).

Solnhofen
Steinbrüche, Bürgermeister-Müller-Museum, Sola-Basilika
13 km
Treuchtlingen
Schloss, Altmühltherme
Ziel

(solnhofen.de). Kulinarisch dürfen wir uns hingegen im Museumscafé Solnhofener Klosterbrot verwöhnen lassen.

Weiter entlang der Altmühl fahren wir nach **Pappenheim**, das ebenfalls von einer Burg bekrönt wird. Wer von alten Gemäuern genug hat, findet in Pappenheim eine **Weidenkirche**. Kurz darauf sind wir in **Treuchtlingen** mit einem schönen Renaissanceschloss in der Ortsmitte und der erholsamen **Altmühltherme** am Fluss, die uns sicherlich entspannende Stunden schenkt.

Das Stadtschloss von Treuchtlingen war ursprünglich ein Wasserschloss und beherbergt heute ein Posamentenmuseum.

Die Weidenkirche in Pappenheim wurde von der evangelischen Jugend 2007 gepflanzt.

PRAKTISCHE HINWEISE

TOURISTINFORMATIONEN

Touristinformation Beilngries
Hauptstr. 14, 92339 Beilngries,
Tel. 08461/8435, beilngries.de

Touristinformation Eichstätt
Domplatz 8, 85072 Eichstätt,
Tel. 08421/60 014 00, eichstaett.de

Touristinformation Treuchtlingen
Heinrich-Aurnhammer-Str. 3,
91757 Treuchtlingen, Tel. 09142/96 00 60,
tourismus-treuchtlingen.de

CAMPING- UND STELLPLÄTZE

S 500 **Stellplatz Dietfurt** (S. 171/E3)
Griesstetter Straße, 92345 Dietfurt
GPS: 49.027653, 11.582856
Unweit der Schiffsanlegestelle liegt der kleine Stellplatz mit ein paar Schattenplätzen. Ideal für die Stadtbesichtigung oder eine Radtour.

C 501 **Campingplatz Kratzmühle**
(S. 171/E3), Mühlweg 2,
85125 Kinding (OT Kratzmühle),
Tel. 08461/6417, kratzmuehle.de
GPS: 49.003596, 11.451685
Dieser sehr schöne Campingplatz liegt zwischen Beilngries und Kinding, dafür aber direkt an der Altmühl und am Pfraundorfer See. Zu den Highlights gehören ein Fahrrad- und Bootsverleih sowie ein Minigolfplatz. Für alle Sportbegeisterten gibt es zusätzlich einen Bolzplatz und ein Volleyballfeld. Die Kleinen freuen sich über einen riesigen Spielplatz.

C 502 **Campingplatz Naturama**
(S. 171/E3), An der Altmühl 24,
92339 Beilngries, Tel. 0846/160 67 30,
naturama-beilngries.de
GPS: 49.026544, 11.471199
Dieser Campingplatz ist für alle Jungen und Junggebliebenen eine echte Empfehlung. Durch seine Lage an der Altmühl ist er ideal für Wassersportler. Wer nicht im Fluss baden will, kann nebenan im Beilngrieser Freibad seine Bahnen ziehen. Für die, die lieber im Trockenen bleiben wollen, bietet der Campingplatz einen Bolzplatz und ein Volleyballfeld an. Zusätzlich gibt es in der Nähe eine Tennisanlage.

S 503 **Wohnmobil- und Zeltplatz Eichstätt**
(S. 170/D4), Pirkheimerstraße,
85072 Eichstätt, Tel. 08421/90 81 47
GPS: 48.883454, 11.199949
Dieser große Wohnmobilstellplatz einschließlich Dusch- und WC-Anlage trumpft durch die super Lage am Ufer der Altmühl. Flussaufwärts ist man schnell und verkehrsberuhigt zu Fuß im Zentrum.

S 504 **Wohnmobilstellplatz Treuchtlingen am Kurpark** (S. 170/C4+C3)
Kästleinsmühlenstr. 20, 91757 Treuchtlingen,
Tel. 09142/96 00 60
GPS: 48.960403, 10.917651
Der gepflegte Wohnmobilstellplatz liegt direkt am Kurpark und bietet die perfekte Gelegenheit, einen erholsamen Spaziergang zu unternehmen oder die Altmühltherme zu besuchen. Die Anmeldung erfolgt bei der Shell-Tankstelle ein paar Hundert Meter entfernt.

Kanufahrer, Radfreunde, Wanderer und Wohnmobilfahrer – alle genießen gemeinsam den Naturpark Altmühltal.

6 ROMANTISCHES FRANKEN UND BAYERISCH-SCHWABEN

Von Aschaffenburg bis Augsburg

Liebliches Taubertal, geselliges Mainfranken, naturnaher Spessart, Romantische Straße – diese Route präsentiert zwar nur einen Bruchteil von all dem, was Franken zu bieten hat, dafür jedoch den romantischsten! Die Reise bringt uns zu den schönsten Städten in Franken, wir besuchen Burgen und Schlösser, Kirchen und Klöster und so manchen Weinkeller. Sie führt uns entlang der Flüsse Main, Tauber, Wörnitz, Donau und Lech nach Süden zur Fuggerstadt Augsburg, die bereits in Schwaben liegt, wo wir nach Belieben die Fahrt weiter fortsetzen können, um an andere Routenvorschläge anzuknüpfen.

Schloss Johannisburg über dem Main

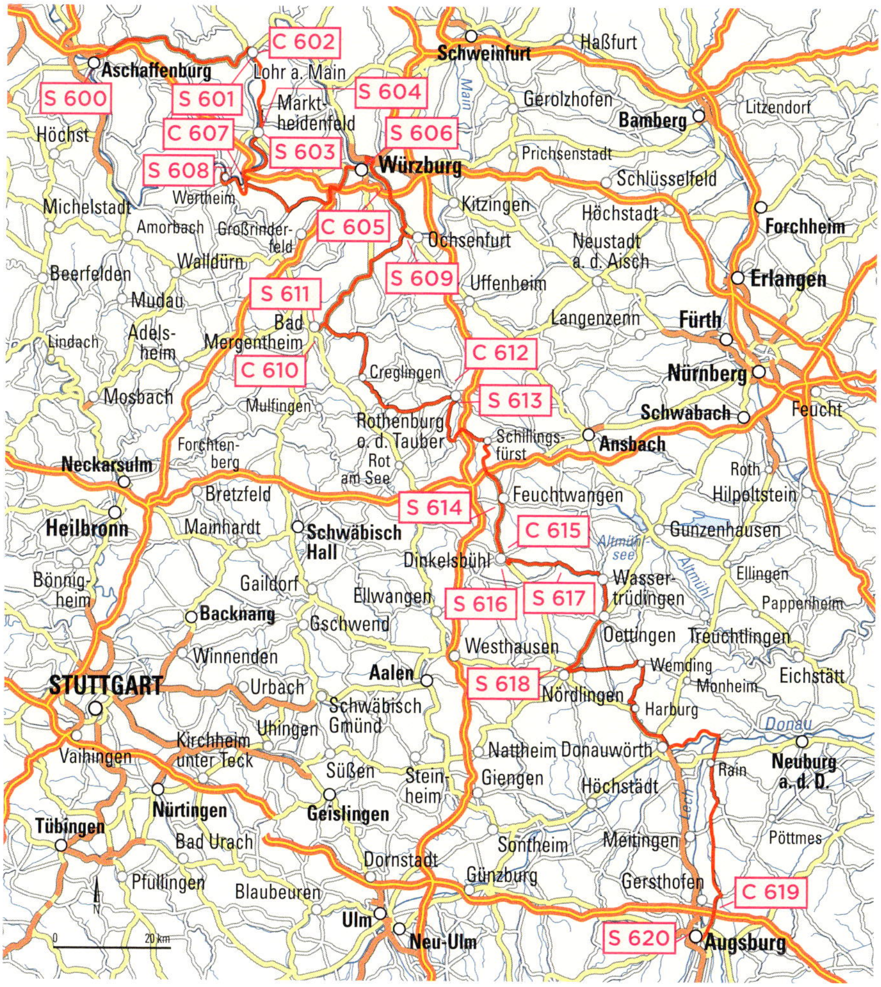

ROUTE 6

START- UND ENDPUNKT
Aschaffenburg und Augsburg

STRECKEN
überwiegend Landstraßen

STRECKENLÄNGE
ca. 435 Kilometer

FAHRZEIT
mindestens 7 Tage

BESTE JAHRESZEIT
ganzjährig

ASCHAFFENBURG, DAS TOR ZU BAYERN

Wer über die A3 nach Bayern fährt, erreicht Unterfranken auf der großen Mainbrücke. Wir verlassen die Autobahn gleich an der Ausfahrt Stockstadt, um auf der B8 in Richtung Aschaffenburg-Zentrum zu fahren. Wer zum Stellplatz möchte, quert auf der Ebertbrücke noch vor der Altstadt erneut den Main und steuert dann links über die Darmstädter Straße den Stellplatz an, der sich gut für die Stadtbesichtigung eignet.

Über die Willigisbrücke, von der wir einen schönen Blick auf das Schloss Johannisburg haben, sind wir gleich in der **Aschaffenburger Altstadt**. Sehenswert ist die **Stiftskirche St. Peter und Paul** mit ihrem Kreuzgang und dem Stiftsmuseum. Durch die Pfaffengasse kommt man zum großen Schlossplatz und zum **Schloss Johannisburg**, das mit seinen vier großen Ecktürmen das Wahrzeichen der Stadt ist. Es wurde von 1605 bis 16014 als Nachfolgebau einer bereits bestehenden Burg errichtet und war bis zur Säkularisation die zweite Residenz der Mainzer Kurerzbischöfe. Bei einer Besichtigung sehen wir die Schlosskapelle und ein Zweigmuseum der Bayerischen Staatsgemäldesammlung mit Werken unter anderem von Lucas Cranach.

Der Eintritt zum Schlossgarten, der den großen vierflügeligen Bau umgibt, ist frei. Durch den Park spazieren wir mainaufwärts zum **Pompejanum**. Inspiriert von einer Reise

Start
Aschaffenburg
Schloss Johannisburg, Stiftskirche, Pompejanum
B26
38,5 km

Oben: Der Bayersturm in Lohr am Main ist eines der Wahrzeichen der Stadt.

durch Italien nach Pompeji ließ König Ludwig I. hoch oben über dem Main eine römische Villa nachbauen. Nicht nur ihr Inneres wurde üppig mit Fresken im antiken Stil sowie mit Mosaiken ausgeschmückt, auch der umliegende Garten ist ein kleines mediterranes Paradies mit Feigen- und Mandelbäumchen.

AUSFLUG

UNBERÜHRTE NATUR IM HAFENLOHRTAL

Wer die Fahrt nach Lohr am Main für eine Wanderung unterbrechen möchte, biegt von der B26 rechts nach Rothenbuch ab. Dort startet man am Schloss zu einer Räuberland-Rundwanderung (4 Stunden, 13 Kilometer) ins malerische und ursprüngliche Hafenlohrtal.

IN DEN SPESSART, WO KEINE RÄUBER MEHR HAUSEN

Wir verlassen Aschaffenburg auf der B26 und bleiben dieser bis **Lohr am Main** treu. Dabei geht es hinter Laufach aufwärts in den Wald, in den **Spessart** hinein. Der Spessart ist nicht nur ein Mittelgebirge, sondern das größte zusammenhängende Mischwaldgebiet Deutschlands. Die dunklen naturnahen Wälder prägen die Landschaft und waren immer schon eine perfekte Vorlage für Geschichten und Erzählungen. So soll Schneewittchen in Lohr am Main zu Hause gewesen und über die sieben Berge geflohen sein. Außerdem waren die einsamen Spessartwälder früher wahre Räuberhöhlen; belegt sind einige Spessarträuber, die im 19. Jahrhundert ihr Unwesen getrieben haben. Sie beflügelten die Fantasie von Wilhelm Hauff, der sie 1827 in der Erzählung »Das Wirtshaus im Spessart« verewigte. Im Jahr 1958 entstand daraus die berühmte Verfilmung mit Liselotte Pulver. Heute ist der Spessart vor allem als herrliches Wandergebiet bekannt.

Direkt am Mainufer in Marktheidenfeld lässt es sich gut bis zum Sonnenuntergang aushalten.

SCHNEEWITTCHENSTADT LOHR AM MAIN

Lohr liegt am Rand des Spessarts direkt am **Mainufer**. Mit seinen vielen Fachwerkhäusern und dem schönen Schloss ist es ein richtiges Vorzeigestädtchen. Die wichtigsten Sehenswürdigkeiten kann man leicht zu Fuß abklappern, und so ist der Wohnmobilstellplatz am Flussufer geradezu ideal.

Die hübsche, mit Fachwerkhäusern gespickte Altstadt erstreckt sich zwischen dem Main und dem Schloss, in dem sich das **Spessartmuseum** befindet. Am Platz vor dem historischen Rathaus kann man gut Cappuccino trinken. Hinter dem hohen **Bayersturm** liegt die Kirche St. Michael. Die Häuser, die sich in einem Kreis um das Gotteshaus schmiegen, wirken wie eine eigene abgeschlossene Altstadt. Insbesondere die **Fischergasse** und die Muschelgasse mit ihren uralten holprigen Pflastersteinen sind sehr romantisch.

In Lohr haben wir außerdem die Gelegenheit, zu einer Schifffahrt über den Main nach Marktheidenfeld zu starten (maintalbummler.de). Dieser Ort ist jedoch auch unser nächstes Ziel, wenn wir mit dem Wohnmobil weiterfahren.

DEN MAIN ENTLANG

Wir queren in Lohr auf der großen alten Brücke den Main und folgen dem Fluss nach **Marktheidenfeld**. Der Ort bildet die Grenze zwischen dem fränkischen Weinland und dem Spessart. Seine Altstadt ist kleiner, die meisten Gassen verlaufen zum Mainkai hin. Das blaue **Franck-Haus** ist die größte Sehenswürdigkeit. Für uns hat Marktheidenfeld einen besonderen Vorzug: Sein Wohnmobilstellplatz profitiert von der Abendsonne, ebenso das wunderbar gelegene Restaurant am Uferkai. Bei einem romantischen Sonnenuntergang, mit einem guten fränkischen Wein im Glas, können wir uns wunderbar auf die nächsten Tage im Weinland einstimmen.

Lohr am Main
Schloss, Spessartmuseum, Altstadt
24 km
Marktheidenfeld
Mainkai, Altstadt
15 km

STADT ODER LAND?

Im nächsten Streckenabschnitt entlang des Mains reihen sich nun die Weindörfer aneinander. Nach **Lengfurt** fahren wir an den Weinhängen vorbei, die sich unter den kalkigen Steilhängen des **Kallmuth** ducken. Dann sind wir in **Homburg** mit seinen Weingütern neben der Burg. Dort, am Julius-Echter-Platz, liegt der beliebte **Wolzenkeller**, ein

Seite 132 rechts: Rund um Homburg wächst die Grundlage für hervorragende fränkische Weine.

Wer von Wertheim direkt ins Taubertal fährt, kann die Gamburg besichtigen.

gutes Restaurant, wo man besten Wein bei schönster Aussicht serviert bekommt. Das einzige Manko: Mit dem Wohnmobil kann man kaum in die enge Altstadt hinauffahren, deshalb besser im Tal parken und zu Fuß aufsteigen.

Weiter entlang des Mains freuen sich Shoppinglustige auf das **Wertheim Village**, ein großes Outlet direkt neben der A3. An der Autobahnauffahrt müssen wir uns dann entscheiden, ob wir unmittelbar über die A8 Würzburg ansteuern oder lieber einen Exkurs flussaufwärts bis zum Städtchen **Wertheim** starten wollen. Dort gibt es einen wunderschönen Stellplatz direkt am Main mit Biergarten. Wertheim selbst ist malerisch, von einer Burg bekrönt und liegt am **Zusammenfluss von Tauber und Main**. Ein guter Ausgangspunkt, um direkt ins Taubertal zu fahren. Das ist vor allem für alle interessant, die keine Lust auf eine große Stadt wie Würzburg samt dazugehörigem Stadtverkehr haben.

SPECIAL

ÜBER WERTHEIM INS TAUBERTAL

Wer Würzburg aussparen will, fährt direkt von Wertheim ins Taubertal bis Bad Mergentheim. Das entspricht dem offiziellen Verlauf der Romantischen Straße. Auch auf diesem Abschnitt liegen einige Höhepunkte, etwa das Kloster Bronnbach, die Gamburg, Tauberbischofsheim oder Lauda-Königshofen.

DIE RESIDENZSTADT WÜRZBURG

Der A3 folgend, verlassen wir sie an der Ausfahrt Würzburg-Kist und fahren weiter über die B27 in Richtung Stadtmitte. Noch bevor wir den Main queren, liegt der Wohnmobilstellplatz am Viehmarktplatz an der Friedensbrücke.

Würzburg ist uralt, seine Besiedlung reicht in die vorgeschichtliche Zeit zurück. So fand sich auf dem Marienberg, wo heute die Festung steht, eine **keltische Fliehburg** aus der Zeit um 1000 v. Chr. In das Licht der Geschichte rückte Würzburg, als der Merowingerkönig Dagobert I. um 650 seine Hofhaltung ins heutige Würzburg verlegte. Das war auch die Zeit, in der das Christentum eingeführt wurde. Federführend waren hier die iroschottischen Missionare **Kilian**, **Kolonat** und **Totnan**. Es ist gut vorstellbar, dass nicht alle mit den neuen Lehren einverstan-

den waren, und so starben die drei im Jahr 689 als Märtyrer. Die Christianisierung war aber nicht mehr aufzuhalten. Würzburg wurde zur **Bischofsstadt**, und das ist sie bis heute geblieben.

Von dem wunderschön gelegenen Wohnmobilstellplatz am Mainufer schlendern wir zur **Alten Mainbrücke**, auf der uns nicht nur die Missionare um Kilian begegnen, sondern auch viele andere Größen aus Würzburgs Vergangenheit. Von der Brücke geht es geradeaus zum **Kiliansdom**, der tagsüber frei zugänglich ist. Besonders beachtenswert sind die beiden spätgotischen Epitaphien der Fürstbischöfe Lorenz von Bibra und Rudolf II. von Scherenberg, die **Tilman Riemenschneider** gestaltet hat.

Vom Dom aus erreicht man durch die Hofstraße die **Fürstbischöfliche Residenz**. Dieser Repräsentationsbau gehört zu den Höhepunkten der europäischen Barockarchitektur. Der Besuch ist ohne Führung möglich, sodass man in Ruhe durch die Räume schlendern kann. Frei zugänglich ist der weite **Schlossgarten**, in dem sich immer wieder neue Sichtachsen zum Schloss hin ergeben.

Die Würzburger Domstraße verbindet den Dom mit dem Rathaus und führt zur Brücke über den Main.

SPECIAL

TILMAN RIEMENSCHNEIDER

Geboren wurde Tilman Riemenschneider um 1460 in Heiligenstadt. 1473 lernte er das Bildhauer- und Bildschnitzerhandwerk. Nach den Lehr- und Wanderjahren ließ er sich in Würzburg nieder und erhielt nach seiner Eheschließung mit der Goldschmiedewitwe Anna Schmiedt das Bürger- und Meisterrecht, was ihm zu gesellschaftlichem Aufstieg verhalf. Riemenschneider erwies sich aber nicht nur als hervorragender Künstler, sondern auch als guter Kaufmann. Er beschäftigte in seiner Werkstatt viele Gesellen, um all seine Aufträge erfüllen zu können. Dabei schuf er neben einigen profanen Arbeiten hauptsächlich religiöse Kunstwerke. Auf unserer Fahrt treffen wir auf einige seiner Werke, die Weltruf besitzen: die beiden Bischofsgrabmale im Dom von Würzburg, den Marienaltar in Creglingen, das Kreuzigungsretabel in Detwang oder den Heilig-Blut-Altar in der Jakobskirche von Rothenburg.

Wertheim Autobahn
Wertheim Village
11 km

Abstecher Wertheim Stadtmitte A3 B8
Altstadt, Burgruine, Variante über Taubertal
40 km

Würzburg B13
Altstadt, Mainbrücke, Dom, Residenz, Marienkapelle, Wallfahrtskirche Käppele, Festung Marienberg
20 km

Am Oberen Markt sitzt man vor der bedeutenden Marienkapelle und beobachtet das lebhafte Treiben in Würzburg.

Unsere nächste Station ist der Marktplatz mit der **Marienkapelle**. An ihrem Eingang empfangen uns Adam und Eva. Auch diese beiden schuf Tilman Riemenschneider nach der Fertigstellung der Kapelle 1493. Allerdings sehen wir nur die Kopien, die Originale finden wir im **Mainfränkischen Museum** auf der **Festung Marienberg**.

Vom Marktplatz ist es nicht mehr weit zurück zur **Alten Mainbrücke**. Dort dürfen wir uns ein Gläschen in der Alten Mainmühle gönnen – entweder im Restaurant, oder wir genehmigen uns einen sogenannten **Brückenschoppen**, eine echte Würzburger Institution. Direkt auf der Brücke und inmitten quirligen Altstadtlebens stilvoll ein gut gekühlter Weißwein im Glas, ringsum der rauschende Main und eine herrliche Aussicht auf die Festung – besser geht es kaum!

SÜDWÄRTS ZUM GESUNDEN WASSER

Von Würzburg fahren wir nun am Ostufer des Mains auf der B13 nach Süden. Immer mehr Weinfelder tauchen auf und verwandeln Franken in eine toskanische Landschaft. So kommen wir nach **Sommerhausen**, ein bekannter Weinort mit urigen Weinstuben und hochwertigen Weingütern. Weiter auf der B13, erreichen wir das von einer Stadtmauer umgebene **Ochsenfurt**. Seine fachwerkgeschmückte Hauptstraße sowie das Rathaus mit der Monduhr sind absolut bezaubernd.

In Ochsenfurt heißt es, Abschied vom fränkischen Weinland zu nehmen, auch wenn man die Reise gut und gern noch weiter entlang des Mains fortsetzen könnte. Denn ab Ochsenfurt reihen sich die berühmtesten Weinorte Frankens, von Marktbreit über Sulzfeld, Kitzingen und Dettelbach bis Volkach, aneinander. Wir jedoch folgen nun der Straße entlang des Thierbachs nach Gaukönigshofen. Dabei kommen wir durch **Tückelhausen** mit seinem Kartäuserkloster, in dem wir heute ein Museum finden.

In **Gaukönigshofen** freuen sich Kinder, wenn wir zur Arche Noah fahren (die-arche-noah.de). Der kleine Streichezoo wird von einem Verein liebevoll geführt und hat eigentlich immer geöffnet. Der Eintritt wird als Spende für den Unterhalt der Tiere verwendet. Über Wolkshausen erreichen wir die B19, der wir nun lange bis ins **Taubertal** folgen. Wir erreichen den Fluss im kleinen Ort Igersheim nahe bei Bad Mergentheim. Auf dem Weg dorthin haben wir übrigens die Grenze nach Baden-Württemberg überschritten, aber **Bad Mergentheim** ist einen Stopp wert, und das nicht nur, weil es einen schönen Stell- und Campingplatz besitzt, sondern eine nette Altstadt samt schöner Therme.

Die Wandelhalle in Bad Mergentheim liegt im großzügig angelegten Kurgarten im Ostteil der Stadt.

ABSTECHER INS BADEN-WÜRTTEMBERGISCHE BAD MERGENTHEIM

Die Stadt teilt sich in zwei Bereiche auf: **Altstadt** und **Kurviertel**. In der historischen Altstadt lädt der pittoreske Marktplatz mit Rathaus, Brunnen und den **Zwillingshäusern** zu einer Pause ein. Die Burgstraße bringt uns zum großen **Deutschordensschloss** mit seinen glanzvollen Räumen und dem dazugehörigen Museum. Daran schließt sich der Schlossgarten an, der an der Tauber endet.

Auf der anderen Seite setzt sich der prächtige **Kurpark** fort. Das Zentrum der Anlage ist die große Wandelhalle mit der **Wilhelmsquelle**, die 1826 von den Schafen des Schäfers Franz Gehrig entdeckt wurde. Sie spürten das salzhaltige, leicht bittere Wasser in einem Rinnsal auf, das bis dahin noch völlig unentdeckt in die Tauber geflossen war. Das gesunde Wasser war von ähnlich guter Qualität wie das aus dem damals schon bekannten Bad Kissingen, und so entstand bald ein reger Kurbetrieb. Mergentheim wurde zur Kurstadt, die sich den Beinamen »Bad« geben durfte. Heute sind es sogar drei Quellen, die gesundheitsförderndes Wasser vor allem bei Magen- und Darmerkrankungen spenden – inklusive guter Einnahmen für die Mergentheimer Stadtkasse.

DURCH DAS LIEBLICHE TAUBERTAL

Für die weitere Strecke gibt nun die Tauber den Weg vor. Wir sind jetzt auf der Romantischen Straße unterwegs und fahren dabei durch das sogenannte liebliche Taubertal, das seinem Namen alle Ehre erweist. Vorbei an den letzten Weinbergen geht es nach **Weikersheim** mit seinem beeindruckenden Schloss und dem barocken Garten (schloss-weikersheim.de). Auf dem Weg nach **Tauberrettersheim**, das mit seiner prächtig geschwungenen Tauberbrücke prunkt, die von Balthasar Neumann, dem Erbauer der Würzburger Residenz, geschaffen wurde, passieren wir wieder die Grenze zu Bayern.

Langsam wird die Straße schmaler; der nächste Ort ist Röttingen. Wir finden einen hübschen Marktplatz und eine gute Einkehrmöglichkeit in der **Röttinger Bürgerstube**. Dann folgt **Creglingen**, wo wir das Taubertal

Ochsenfurt
Altstadt, Fachwerkhäuser, Rathaus, Weinlokale
B19
37,5 km

Bad Mergentheim
Therme, Kurpark, Altstadt, Münster, Deutschordensschloss
25 km

Der kleinen Herrgottskirche von Creglingen sieht man von außennicht an, dass sie eines der bedeutendsten Werke mittelalterlicher Schnitzkunst von Tilman Riemenschneider beherbergt.

kurz für einen Abstecher nach rechts zur bedeutenden **Herrgottskirche** verlassen. Sie liegt südlich des Ortes und beherbergt einen wertvollen Marienaltar von Tilman Riemenschneider, eines seiner großen Meisterwerke.

Nach Creglingen wird die Straße noch schmaler und führt landschaftlich malerisch nach **Rothenburg ob der Tauber**, einem der Glanzpunkte dieser Route. Unseren fahrbaren Untersatz brauchen wir in der nächsten Zeit nicht mehr und platzieren ihn am Stellplatz, denn für die Besichtigung der Stadt geht es zu Fuß weiter.

ROMANTIKHOCHBURG ROTHENBURG OB DER TAUBER

Die Stadt auf dem Bergsporn über der Tauber gilt als Inbegriff deutscher Romantik und ist Reiseziel von Touristen aus aller Herren Länder. Trotz dieses internationalen Rummels ist Rothenburg aber immer eine Reise wert; und wenn gegen Abend die meisten Reisebusse wieder abgezogen sind, spürt man das romantische Flair und die Einzigartigkeit dieses Ortes umso mehr.

Entstanden ist Rothenburg aus einer Burg und einem Kloster. Durch Rudolf von Habsburg wurde es 1274 Reichsstadt. Um 1400 war die Stadt ein bedeutendes Machtzentrum zwischen Nürnberg und Bamberg. Wie in anderen Reichsstädten auch hatte der Boom mit dem Dreißigjährigen Krieg ein Ende, die Stadt fiel in eine Art Dornröschenschlaf. Aber schon im ausgehenden 19. Jahrhundert wurde sie durch den Tourismus aufgeweckt, und dabei ist es geblieben.

Rothenburg ist rundum von einer großen **Stadtmauer mit Türmen** umgeben – der beste Startplatz für einen Rundgang, denn wir können fast die ganze Stadt auf der Stadtmauer mit ihren Wehrgängen umrunden und bekommen so den schönsten Überblick. Für den zweiten Panoramablick sollten wir auf den **Rathausturm** in der Stadtmitte steigen, der uns die Verwinkelung der Gassen deutlich vor Augen führt.

Vom Marktplatz mit seinem Renaissance-Rathaus aus ist der Besuch der **Jakobskirche** ein unbedingtes »Muss«. Der Heilig-Blut-Altar von Tilman Riemenschneider am westlichen Hochchor ist höchste Weltkunst. Im Anschluss

Am Plönlein in Rothenburg ob der Tauber

lassen wir uns am besten treiben. Rothenburg erlebt man nur im Schlendern und Bummeln, um zu schauen und zu staunen. Vor allem das **Plönlein**, die wohl am meisten fotografierte Ecke Rothenburgs, dürfen wir nicht auslassen. Bei aller romantischen Szenerie sollte man aber nicht vergessen, dass wir, ungeachtet der vielen Besucher, nicht in einem Museum unterwegs sind. Hier leben und arbeiten Menschen, für die Rothenburg Alltag und vor allem ein Zuhause ist.

AUF DER ROMANTISCHEN STRASSE

Ab Rothenburg folgen wir der Beschilderung der Romantischen Straße, die uns über Insingen und Diebach nach **Schillingsfürst** bringt. Die kleine Stadt liegt im Naturpark Frankenhöhe und wird vom großen Schloss Schillingsfürst überragt. Zu seinen Füßen liegt die Altstadt rund um die Kirche **St. Kilian**. Das **Schloss** selbst kann man mit einer Führung besichtigen. Sehr spannend ist auch der

AUSFLUG

ROTHENBURGER MÜHLENWEG

Der Rothenburger Mühlenweg führt auf einer Länge von elf Kilometern am Spitaltor hinunter an den Fluss zur Oberen Walkmühle. Mühlen folgen noch viele mehr, aber auch das hübsche Topplerschlösschen, das sich 1388 der legendäre Rothenburger Bürgermeister Heinrich Toppler erbauen ließ. An der Tauber entlang geht es bis Detwang. Dort treffen wir auf die Kirche St. Peter und Paul. Der Hochaltar ist ein Retabel mit zwei Flügeln. Er entstand um 1510 und wird Tilman Riemenschneider zugeschrieben. Die Weltbedeutung des Kunstwerks erschließt sich jedem Betrachter: Hände akribisch bis ins letzte Detail geschnitzt, jeder Finger anders, das ist Kunst von Weltrang. Zurück geht es auf der anderen Tauberseite. Über die Ludleinsmühle erreichen wir die Bronnenmühle und können im lauschigen Biergarten »Unter den Linden« ganz weltliche Gelüste befriedigen. So sammeln wir etwas Kraft und steigen über die »Kurze Steige« hinauf nach Rothenburg, das wir am Klosterturm wieder erreichen.

Creglingen
Riemenschneider Herrgottskirche
18,5 km

Rothenburg ob der Tauber
Altstadt, Fachwerkhäuser, Stadtmauer, St. Jakob
16 km

Schillingsfürst
Schloss, Falkenhof
B25
17 km

Vom Schlosscafé Schillingsfürst blickt man auf die kleine Stadt am Fuße des Schlossbergs.

fürstliche Falkenhof mit Flugvorführungen um 11 und 15 Uhr (schloss-schillingsfuerst.de). Vor dem Schloss kann man sich im Schlosscafé mit Kaffee und Kuchen bei fürstlicher Aussicht verwöhnen lassen.

Weiter geht es nach Süden über **Dombühl** mit seinem Wahrzeichen, der kleinen St.-Veit-Kirche auf dem Hügel. Von dort steuern wir die Bundesstraße B25 an, die uns nach **Feuchtwangen** führt.

ZWISCHENSTOPP IN FEUCHTWANGEN

Stattliche Bürgerhäuser aus hellem Sandstein säumen den **Marktplatz** rund um den mit Wappen geschmückten **Röhrenbrunnen** in Feuchtwangen. Entstanden ist die Stadt aus einem Benediktinerkloster, das ursprünglich zum Bistum Augsburg gehörte. Die **Stiftskirche**, die zwischenzeitlich von den Augustiner Chorherren geführt wurde, kann man heute noch besichtigen. Einige Reste romanischer Bauteile machen ihren besonderen Charme aus, darunter auch der **Kreuzgang**, in dem während der Sommermonate die Kreuzgangfestspiele stattfinden. Neben der Stiftskirche finden wir noch die St. Johanniskirche und drum herum viele nette Gassen und Winkel. Bekannt für seine gute Küche ist das Restaurant im Hotel Greifen-Post direkt am Marktplatz.

SPÄTMITTELALTERLICHES DINKELSBÜHL

Über die B25 fahren wir nach **Dinkelsbühl**. Vier Stadttore und zahlreiche Türme schmücken die Altstadt, die sich hinter der gut erhaltenen Stadtmauer versteckt. Diese sicherte die Unabhängigkeit der freien Reichsstadt und erfreut heute die Besucher. Die Stadt an der Wörnitz blickt auf eine lange Geschichte zurück, darunter auch das dunkle Kapitel der Hexenverfolgung, die zwischen 1613 und 1661 zu fünf grausamen Hinrichtungen führte. Ein Museum zur **Geschichte der Hexenverfolgung** gibt es im Rothenburger Tor.

Die Altstadt baut sich entlang dreier Straßen rund um den Marktplatz mit dem **Münster St. Georg** auf. Von ihnen führen viele verwinkelte Gassen ab, die alle irgendwann an der Stadtmauer enden. Nette Cafés und urige Wirtshäuser sorgen für das leibliche Wohl. Einer der Höhepunkte ist St. Georg mit seiner gewaltigen Raumwirkung. Hoch aufragende Säulen streben zu einem Kreuzrippengewölbe und zeigen die Kunst der Gotik eindringlich.

Wer Zeit hat, besucht die Gartenanlagen vor den Toren der Stadt. Bei einem Spaziergang am **Rothenburger Weiher** oder durch den Garten der Sinne sowie an den Auen der Wörnitz verliert man sich gern. Spannend ist auch ein Besuch im **Museum der 3. Dimension** am Nördlinger Tor, in dem nichts ist, wie es scheint – und sich doch vieles erklären lässt. 3-D-Bilder und optische Phänomene sorgen dort für herrliche Irrungen und Wirrungen (3d-museum.de).

RÖMERSTRASSEN UND LANDSCHAFTSGÄRTEN

Südlich von Dinkelsbühl verlassen wir die Romantische Straße und fahren Richtung Wassertrüdingen. Auf dem Weg dorthin kommen wir nach **Wittelshofen** an der Wörnitz. Etwas südlich des Ortes, erreichbar über eine Nebenstraße, liegt der **Römerpark Ruffenhofen** mit einem sehr interessanten Museum, dem **Limeseum** am ehemaligen römischen Kastell, wo es auch einen Stellplatz gibt (siehe »Praktische Hinweise«). Ganz in der Nähe verlief nämlich der Limes, die einst so wichtige Grenze des römischen Reiches.

Zurück auf der Hauptstraße, geht es nach **Wassertrüdingen**. Rund um die kleine Stadt sind im Rahmen der **Gartenschau 2019** herrliche Grünanlagen und kleine Parks entstanden – ideal für einen Bummel mit erholsamer Pause. Vor allem die Bereiche am Mühlen- und am Klingenweiher mit ihren Installationen sind sehenswert. Darüber hinaus geht es entlang der Stadtmauer und durch die Marktstraße, oder wir besuchen das **Fluvius-Museum** hinter dem Törle, dem nördlichen Stadttor und Wahrzeichen von Wassertrüdingen.

Giebelhäuser und Münster in der Segringer Straße von Dinkelsbühl

Wer im Sommer baden möchte, kann in Wassertrüdingen ein herrliches Flussbad besuchen, und wer von Gartenarchitektur noch nicht genug bekommen hat, fährt für einen Abstecher nördlich der Stadt nach **Dennenlohe**. Der Ort mit seinem bekannten Schloss und dem noch viel bekannteren Landschaftspark ist schnell erreicht. Die Parkanlage des »grünen Barons« Robert Freiherr von Süsskind ist Ziel zahlreicher Gartenliebhaber (geöffnet Mitte März bis Mitte Oktober, Eintritt gegen Gebühr am Drehkreuz, dennenlohe.de). Ein Höhepunkt ist die Rhododendronblüte im Juni, wenn Tausende von Rhododendren und Azaleen ihre leuchtende Schönheit entfalten. Der

Feuchtwangen
Altstadt, Stiftskirche, Kreuzgang
14 km

Dinkelsbühl
Altstadt, Stadtmauer, Münster, Museum
22 km

Wassertrüdingen
Wörnitz-Flussbad, Parkanlagen, Museen
28 km

Am Nördlinger Marktplatz

Park ist ein Gesamtkunstwerk aus Brücken, Teichen und Weihern, Hügeln und nicht zuletzt unzähligen Blühpflanzen, welche die nach englischem Vorbild gestaltete Anlage farbenprächtig in Szene setzen.

DURCH DAS NÖRDLINGER RIES

Von Wassertrüdingen steuern wir nun nach Süden und folgen der Wörnitz nach **Oettingen**. Auch hier gibt es ein herrliches **Flussbad**, aber noch viel bekannter ist das **Schloss der Fürsten von Oettingen**, das mitten in der kleinen Stadt steht. Bunte Bürgerhäuser zieren die lange Schlossstraße. Weiter auf der B466, fahren wir anschließend durch das Nördlinger Ries, einen ehemaligen Krater, nach **Nördlingen**.

SPECIAL

DER IMPAKT

Es war vor knapp 15 Millionen Jahren, als ein Asteroid mit einem Durchmesser von 1,5 Kilometern und einer Geschwindigkeit von 72 000 km/h die Erde traf. Es entstand ein Krater von 24 Kilometer Durchmesser, sämtliches Leben im Umkreis von 100 Kilometern wurde ausgelöscht. Den Krater gibt es heute noch, er wird Nördlinger Ries genannt, und in seinem Zentrum liegt die Stadt Nördlingen.
Der fast ebene Kraterboden liegt »nur« noch 150 Meter tiefer als die Umgebung und wurde durch die Verwitterung zu fruchtbarem Ackerland. An vielen Stellen im großen Krater sind geologische Stationen errichtet worden, die die Zusammenhänge der einstigen Katastrophe im Geopark Ries genau erklären.

EINSTIGES HANDELSZENTRUM NÖRDLINGEN

Im ausgehenden Mittelalter und in der frühen Neuzeit lag Nördlingen an der Kreuzung zweier großer und wichtiger Handelswege: der von Nord nach Süd verlaufenden Straße von Frankfurt über Würzburg nach Augsburg und der Ost-West-Verbindung von Prag und Nürnberg nach Ulm. Das brachte viel Geld in die städtischen Kassen, so viel, dass Nördlingen unter dem Stauferkönig Friedrich II. zur Reichsstadt erhoben wurde. Dabei blieb es auch, bis die Stadt 1803 durch Napoleon Bayern angegliedert wurde. Doch zu dieser Zeit war Nördlingens wirtschaftliche Blüte schon Vergangenheit. Der Handel hatte sich zu den Seehäfen verlagert, und im Dreißigjährigen Krieg hatte die Stadt mehr als die Hälfte ihrer Bevölkerung verloren. Das

war eine wirtschaftliche Katastrophe, für Neubauten fehlte Geld, und so blieb das mittelalterliche Stadtbild weitgehend erhalten.

Vom schönen Stellplatz in der Nähe des Baldinger Tores erreichen wir rasch die erste große Sehenswürdigkeit: die fast 2,6 Kilometer lange geschlossene **Stadtmauer**. Der Wehrgang ist vollständig erhalten und noch dazu begehbar, er bietet viele wunderbare Aussichten über die Altstadt. Um diese kennenzulernen, gehen wir zum **Marktplatz** und schauen uns die evangelische **Pfarrkirche St. Georg** an. Den Kirchturm kann man besteigen. Das lohnt sich vor allem bei klarem Wetter, dann ist der Rand des Rieskraters rundum gut sichtbar. Im Norden wird der Marktplatz vom **Rathaus** begrenzt, das mit seinen beiden Türmen demonstriert, wer in der Stadt das Sagen hatte. Der Narr, der aus einem Rundbogenfenster auf Touristen blickt, bezeugt jedoch, dass man sich selbst nicht so ernst nahm, wie es den Anschein hatte. Jeder Weg durch die Altstadt führt uns an zahlreichen **Fachwerkhäusern** vorbei, die uns ein gutes Bild geben, wie wohl vor gut 500 Jahren eine wohlhabende Stadt ausgesehen hat.

WEMDING UND SEIN HEILIGTUM

In Nördlingen verlassen wir wieder die Romantische Straße und fahren auf einer Landstraße über Deiningen und Fessenheim nach Wemding. Bevor wir die Altstadt besuchen, geht es zur **Wallfahrtskirche Maria Brünnlein** mit ihrer heilbringenden Quelle, einem der größten Wallfahrtsorte in Bayern. Vom großen Parkplatz spaziert man entlang eines neu angelegten Kreuzwegs hinauf zum Gotteshaus, das innen prunkvoll im Rokokostil ausgestattet ist. Neben der Kirche gibt es das sehr gute **Gasthaus Zur Wallfahrt**. Auch Wemding selbst mit seinem wunderschönen Marktplatz rund um den Marienbrunnen ist sehenswert. Und es gibt einen einfachen Stellplatz fast in der Stadtmitte hinter dem Johannisweiher (GPS: 48.875884, 10.728921).

ÜBER HARBURG AN DIE DONAU

Wemding verlassen wir auf der Harburger Straße und erreichen so über **Gosheim**, wo wir den **Kraterrand** unter dem Kalvarienberg besuchen können, **Harburg**. Die kleine Stadt liegt malerisch an der Wörnitz, darüber

Links: Von der Nördlinger Stadtmauer kann man sich gleich einen Überblick über das Gassengewirr der Altstadt verschaffen.

Rechts: Harburg überrascht mit wunderschönen filigranen Traumfängern, die sich über die Gassen der Altstadt spannen.

Nördlingen
Altstadt, St. Georg, Rathaus, Stadtmauer
20,5 km
Wemding
Nördlinger Ries, Altstadt, Wallfahrtskirche Maria Brünnlein
13 km

In die Altstadt von Harburg führt eine 140 Meter lange steinerne Brücke, die bereits 1729 erbaut wurde.

wacht die große **Burg Harburg**, die man besichtigen kann (burg-harburg.de). Die B25 bringt uns anschließend zur Donau, auf die wir im Städtchen **Donauwörth** treffen.

ZWEIFLÜSSESTADT DONAUWÖRTH

Die Stadt liegt am Zusammenfluss von Wörnitz und Donau und ist zum Teil auf einer kleinen Insel errichtet. Das kann man bereits aus ihrem Namen schließen, denn »Wörth« oder »Wörd« bedeutete früher nichts anderes als »Insel«. Die große Reichsstraße bildet das Zentrum der Altstadt. Viele bunte Häuser säumen sie. An ihrer höchsten Stelle wurde 1450 das **Liebfrauenmünster** erbaut, eine mächtige gotische Hallenkirche. Darüber hinaus sind das **Deutschordenshaus**, die Pfarrkirche Christi Himmelfahrt, das Rathaus sowie einige Stadttore interessant.

Rieder Tor in Donauwörth

DONAU UND LECH

In Donauwörth geht es für uns links auf der B2 entlang der Donau nach **Marxheim**, wo wir die Donau queren, um über Niederschönenfeld **Rain am Lech** anzuvisieren. Der Ort ist die Unternehmenszentrale des Gartenbauunternehmens Dehner. Darüber hinaus verfügt er über eine kleine, aber feine Altstadt.

Von Rain fahren wir weiter nach Süden. Wer möchte, mit Zwischenstopp am **Kloster Thierhaupten** oder im **Klostermühlenmuseum** Thierhaupten. Der Biergarten des Schlossbräustüberls am **Schloss Scherneck** bremst uns etwas später aus. Dann passieren

wir den Flughafen Augsburg und erreichen wenig später die Fuggerstadt **Augsburg**, das Endziel dieser Tour.

STOLZE FUGGERSTADT AUGSBURG

Als **Augusta Vindelicum** war Augsburg bereits unter dem römischen Kaiser Trajan Hauptstadt der römischen Provinz Raetia. Davor war Cambodunum (Kempten, siehe Tour 2) die Hauptstadt der Provinz. Die Via Claudia Augusta verlief von Rom über Verona, Meran, den Reschenpass und Füssen direkt dorthin. Sie sorgte für einen wirtschaftlichen Aufschwung, von dem die Siedlung und deren Umgebung profitierten. Aus dem einst kleinen Militärlager wurde rasch eine echte römische Stadt mit Steinhäusern und Stadtmauer, alles in einem regelmäßig gestalteten Grundriss angelegt. Als Gründungsjahr gilt 15 v. Chr. Im Mittelalter verlieren sich viele Aufzeichnungen über die Stadt, aber 1276 wird Augsburg zur Reichsstadt. Richtig spannend wird es wieder mit der Familie der Fugger. Hans Fugger, der Großvater des bedeutenden **Jakob Fugger des Reichen**, war noch ein einfacher Webersohn, der es mit Geschick und Geschäftssinn sowie zwei vorteilhaften Ehen zu einem soliden Vermögen brachte. Sein Sohn Jakob Fugger der Ältere (1398–1469) baute das Familienunternehmen zu einem mittelständischen Handelsunternehmen aus, aber erst sein Sohn Jakob wiederum verwandelte es in einen für damalige Zeiten internationalen Konzern (siehe Kasten).

Für die Besichtigung von Augsburg sollte man mindestens einen Tag einplanen, deshalb lohnt sich der Stellplatz an der Wertach. Von dort erreicht man die Altstadt in gut 15 Minuten zu Fuß. Am großen **Rathausplatz** mit dem **Augustusbrunnen** sind wir in der »guten Stube« der Stadt angekommen. Das prächtige Rathaus lässt sich besichtigen, vor allem der feudale **Goldene Saal** ist seinen kleinen Eintrittspreis wert. Vom Platz führt die Maximilianstraße direkt nach Süden. Prunkvolle Häuser zieren die geschäftige Meile, die an der **Basilika St. Ulrich und Afra**, wo die Sarkophage der Bistumsheiligen Afra, Ulrich und Simpertus aufbewahrt werden, endet. Auf dem Weg dorthin lohnt sich

Unweit des Rathauses in der malerischen Altstadt ist der Dehner Blumenpark eine weitere Attraktion von Rain am Lech.

Am Augsburger Rathausplatz liegen einige der wichtigsten Sehenswürdigkeiten der Stadt.

ein Blick in die **St.-Moritz-Kirche**. Im reinen Weiß erstrahlt ihr wunderschön reduzierter Innenraum nach langer Renovierung.

An der Basilika St. Ulrich bringt uns die Straße Milchberg abwärts zur Spitalgasse, wo die **Augsburger Puppenkiste**, das berühmte Marionettentheater, zu Hause ist. Schräg gegenüber sehen wir die **Wassertürme** am Roten Tor, ein Teil des seit 2019 durch das UNESCO-Welterbe geschützten Wassermanagement-Systems, das die ausgeklügelte historische Wasserwirtschaft zeigt. Entlang der Stadtmauer geht es wieder nach Norden, die Jakoberstraße bringt uns rechts zur **Fuggerei**. Zurück Richtung Altstadt, verlieren wir uns in den Gassen, besuchen die Kanäle bzw.

Die Besichtigung (gegen Eintritt) der historischen Wohnanlage Fuggerei, die 2021 ihr 500-jähriges Bestehen feierte, lohnt sich. Der Zugang ist in der Jakoberstraße.

Bachläufe, für die Wasser des Lechs umgeleitet wurde, sowie das Geburtshaus von Bertolt Brecht. Nicht zu vergessen den **Augsburger Dom**, der ungewöhnlicherweise nicht am Hauptplatz steht, sondern etwas abseits, dafür am höchsten Punkt der Stadt.

Das Äußere Pfaffengäßchen bringt uns zum **Fugger und Welser Erlebnismuseum**, und wer noch eine Bootsfahrt unternehmen möchte, leiht sich etwas weiter östlich davon, in der Riedlerstraße am Äußeren Stadtgraben, Kanus aus. Für den Bootssport ist Augsburg weltbekannt, vor allem unter den Kanuten und Kajakfahrern, denn im Zuge der Olympiade 1972 in München wurden in Augsburg die Sportstätten am Eiskanal errichtet. Bis heute werden in dem künstlich vom Lech abgezweigten Wildwasser internationale Wettkämpfe ausgetragen. Und so kann man gerade auch mit dem Fahrrad noch so einige Ecken und Winkel entdecken, die zu Fuß zu weit voneinander entfernt liegen.

FORTSETZUNG FOLGT

Unsere Tour entlang der Romantischen Straße endet in Augsburg. Wer jedoch noch anknüpfen möchte, folgt der Romantischen Straße weiter nach Süden und erreicht so über die B17 **Landsberg am Lech** mit seinen schönen Staustufen sowie **Schongau** und schließlich **Füssen**, zugleich ein Ort an der Deutschen Alpenstraße (siehe Tour 2).

Der Hochablass am Lech ist eines der großen Wasserbauwerke der Stadt Augsburg. Dahinter beginnt der große Stadtwald, die Grüne Lunge der Hauptstadt Schwabens.

SPECIAL

JAKOB FUGGER DER REICHE

Jakob Fugger der Reiche lebte zwischen 1459 und 1525. Ausgebildet in Venedig, hatte er 1487 das Familiengeschäft übernommen und es innerhalb von zehn Jahren zu einem europäischen Konzern entwickelt, der weltweiten Handel betrieb. Unter anderem beherrschte er den Baumwollhandel mit Italien. Mit seinem Reichtum unterstützte er das Haus Habsburg unter Kaiser Maximilian. Dieser bedankte sich dafür mit der Reichsgrafenwürde. Fugger erwarb zahlreiche Bergwerke bzw. erhielt sie zur Ablösung von Schulden, was ihm gewaltige Gewinne einbrachte. Sein Vermögen könnte umgerechnet rund 300 Milliarden Euro betragen haben. Jakob gründete viele Stiftungen.
Die bekannteste ist die Fuggerei: eine Reihenhaussiedlung mit 67 Häusern, die älteste bestehende Sozialbausiedlung der Welt. Die Bewohner zahlen 0,88 Euro als symbolische Jahresmiete plus Nebenkosten für Strom und Heizung, außerdem müssen sie dreimal täglich für die Stifterfamilie beten. Um dort wohnen zu dürfen, muss man mehrere Jahre in Augsburg gelebt haben, katholisch und bedürftig sein.
Jakob Fugger liegt in der Fuggerkapelle der Kirche St. Anna begraben.

PRAKTISCHE HINWEISE

Gute Nacht am Mainkai in Marktheidenfeld (S 603)

TOURISTINFORMATIONEN

Touristinformation Aschaffenburg
Schloßplatz 2, 63739 Aschaffenburg,
Tel. 06021/39 58 00, info-aschaffenburg.de

Touristinformation Würzburg
Marktplatz 9, 97070 Würzburg,
Tel. 0931/37 23 98, wuerzburg.de

Touristinformation Wertheim
Gerbergasse 16, 97877 Wertheim,
Tel. 09342/93 50 90,
tourismus-wertheim.de

Touristinformation Bad Mergentheim
Marktplatz 1, 97980 Bad Mergentheim,
Tel. 07931/57 48 15,
visit.bad-mergentheim.de

Touristinformation Rothenburg ob der Tauber
Marktplatz 2, 91541 Rothenburg
ob der Tauber, Tel. 09861/40 48 00,
rothenburg-tourismus.de

Touristinformation Dinkelsbühl
Altrathausplatz 14, 91550 Dinkelsbühl,
Tel. 09851/90 24 40,
tourismus-dinkelsbuehl.de

Touristinformation Nördlingen
Marktplatz 2, 86720 Nördlingen,
Tel. 09081/84116, noerdlingen.de

Touristinformation Augsburg
Rathausplatz 1, 86150 Augsburg,
Tel. 0821/50 20 70, augsburg-tourismus.de

CAMPING- UND STELLPLÄTZE

S 600 **Wohnmobilstellplatz Aschaffenburg Willigisbrücke** (S. 173/F4)
Großostheimer Str., 63741 Aschaffenburg
GPS: 49.970516, 9.136949
Der Stellplatz liegt idyllisch am Mainufer und hat Platz für ca. 30 Wohnmobile. In 10 Minuten erreicht man die Altstadt. Strom gibt es auch. Nur für die Wasserver- und -entsorgung müssen wir zu einer anderen Brücke, das geht nicht auf dem Platz. Wenige Minuten flussaufwärts gibt es ein schönes Freibad.

S 601 **Wohnmobilstellplatz Lohr am Main** (S. 173/G4), Mainlände, 97816 Lohr am Main

GPS: 49.994636, 9.580493
21 Plätze für Wohnmobilisten direkt am Mainufer. Strom gibt es nur von April bis Oktober. Bei Hochwasser ist der Platz gesperrt, auch während der Lohrer Spessart-Festwochen Mitte Juli bis Anfang August.

C 602 **Campingplatz Mainufer** (S. 173/G4)
Jahnstr. 12, 97816 Lohr am Main,
Tel. 09352/602 93 80, tsv-lohr.de
GPS: 49.998651, 9.582019
Der Platz liegt idyllisch direkt am Ufer des Mains, er ist nur 10 Gehminuten von der Lohrer Innenstadt (Fußgängerzone) entfernt. Campingbüro April bis Oktober.

S 603 **Wohnmobilstellplatz Marktheidenfeld** (S. 173/G4)
Georg-Mayer-Str.,
97828 Marktheidenfeld
GPS: 49.849313, 9.600266
Sonniger Wohnmobilstellplatz auf dem Festplatz Martinswiese direkt am Mainufer. Tagsüber ist der Stellplatz kostenfrei, Übernachtung und Strom gibt es gegen geringe Gebühr.

S 604 **Stellplatz Landgasthof Baumhof-Tenne** (S. 173/G4)
Baumhofstr. 147, 97828 Marktheidenfeld,
Tel. 09391/35 49, baumhoftenne.de
GPS: 49.844286, 9.630514
Wer im Gasthof einkehrt (Fr–So), und allein das ist schon sehr empfehlenswert, der kann kostenfrei auf dem Stellplatz nächtigen. An den geschlossenen Tagen ist eine kleine Pauschale fällig, ebenso für diejenigen, die Strom wünschen. Der Biergarten ist wunderschön, das Martinsbier süffig, und die fränkischen Leberwürste mit Kartoffelsalat sind ein Gedicht.

C 605 **Campingplatz Kalte Quelle Würzburg** (S. 173/H5)
Winterhäuser Str. 160, 97084 Würzburg,
Tel. 0931/655 98, kalte-quelle.de
GPS: 49.744438, 9.982761
Ein wunderschöner Campingplatz direkt neben dem Main, südlich von Würzburg gelegen. Ver- und Entsorgungseinrichtungen sowie Stromsäulen vorhanden. Ganzjährig nutzbar, am besten immer mit Reservierung. Im Sommer gibt es zweimal täglich einen Shuttleservice zu einer Straßenbahnhaltestelle. Außerdem gibt es die Möglichkeit, Fahrräder auszuleihen. Der Biergarten ist täglich geöffnet.

Der Stellplatz in Nördlingen liegt fußnah am Baldinger Stadttor. (S 618)

S 606 **Wohnmobilstellplatz Würzburg** (S. 173/H4), Viehmarktplatz,
97082 Würzburg
GPS: 49.798026, 9.922392
Einfacher Stellplatz direkt am Main mitten in Würzburg. Er verfügt über eine Strom- und Wasserversorgung sowie -entsorgung. Gegenüber liegt das Gasthaus Jahnterrasse mit angrenzendem Biergarten.

C 607 **Campingpark Wertheim-Bettingen** (S. 173/G5), Geiselbrunnweg 31,
97877 Wertheim-Bettingen,
Tel. 09342/70 77,
campingpark-wertheim-bettingen.de
GPS: 49.780934, 9.566266
Der Campingpark fast in der Stadtmitte befindet sich zwischen Marktheidenfeld und Wertheim und liegt direkt neben dem Main. Auf dem Gelände gibt es ein Restaurant mit Biergarten und für alle, die gern Kajak oder Boot fahren, eine Slipanlage. Der Platz verfügt über ein behindertengerechtes Bad mit Toilette und Dusche.

S 608 **Wohnmobilstellplatz Kreuzwertheim am Main** (S. 173/G5)
Fahrgasse, 97892 Kreuzwertheim,
Tel. 09342/92 62 23
GPS: 49.762499, 9.518495

Nur wenige Schritte sind es vom Stellplatz in Bad Mergentheim in den Kurpark oder zur Therme Solymar. (S 611)

Schöner Wohnmobilstellplatz direkt am Main mit Blick auf die Wertheimer Burg. Es lohnt sich, früh dort einzutreffen, da es nur 20 Stellplätze gibt. Der Platz verfügt über eine Ver- und Entsorgung von Wasser sowie Toiletten, und auch ein kleiner Biergarten ist nicht weit. Zu Fuß ist es auf die andere Flussseite in die Altstadt von Wertheim zwar etwas weiter, trotzdem ist dieser Stellplatz schöner als der dort gelegene Stellplatz unter der Straßenbrücke (GPS: 49.764236, 9.512787).

S 609 **Wohnmobilstellplatz Ochsenfurt** (S. 173/H5), Mainuferstraße, 97199 Ochsenfurt
GPS: 49.666793, 10.061322
Ein großer Platz, auf dem man ein schönes Plätzchen am Main finden kann. Toiletten in Einfahrtsnähe, aber keine Ver- und Entsorgung. In fünf Minuten zu Fuß liegen mehrere Traditionsgaststätten, Geschäfte und die Altstadt.

C 610 **Campingplatz Bad Mergentheim** (S. 173/G6), Willinger Tal 1, 97980 Bad Mergentheim, Tel. 01522/892 95 24, campingplatz-bad-mergentheim.de
GPS: 49.464630, 9.777235
Ca. 2 km südlich von Bad Mergentheim befindet sich im Willinger Tal zwischen Wald und Wiesen der Campingplatz. Mit 100 Stellplätzen verfügt er über neue, saubere Sanitäranlagen, die sowohl kinderfreundlich als auch barrierefrei sind.

S 611 **Wohnmobilstellplatz Bad Mergentheim** (S. 173/G6), Arkau 5, 97980 Bad Mergentheim, Tel. 07931/57 48 15
GPS: 49.493356, 9.793455
Sonniger Wohnmobilstellplatz in Bad Mergentheim, der über eine Ver- und Entsorgungssäule von Trinkwasser und Abwasser verfügt sowie über mehrere Elektrosäulen. Ein Minigolfplatz und die Solymar Therme sind in unmittelbarer Umgebung. Zur Altstadt (2,5 km) führt ein Weg völlig verkehrsberuhigt durch die weitläufige Kuranlage, oder man benützt das Fahrrad.

C 612 **Campingplatz Tauberromantik/ Rothenburg o. d. T.** (S. 170/A2)
Detwang 28, 91541 Rothenburg ob der Tauber, Tel. 09861/31 77, campingplatz-rothenburg.de
GPS: 49.387700, 10.166625
Der Campingplatz Rothenburg liegt ruhig im Landschaftsschutzgebiet des Taubertals im Ortsteil Detwang. Bergauf ist Rothenburg bei einem gemütlichen Spaziergang in 15 bis 20 Minuten (1,5 km) erreichbar.

S 613 **Wohnmobilstellplatz Rothenburg P2** (S. 170/A2)
Nördlinger Straße, 91541 Rothenburg ob der Tauber
GPS: 49.370417, 10.182537
Auf zwei Flächen aufgeteilt liegen die Stellplätze von Rothenburg. Zu Fuß ist es ein Katzensprung zum Spitaltor und damit zum südlichen Eingang zur Altstadt. Tagsüber ist die Nördlinger Straße etwas zu hören, aber nachts ist sie wenig befahren. Supermärkte und Bäcker sind ganz in der Nähe.

S 614 **Wohnmobilstellplatz Parkplatz Feuchtwangen Schleifweiher** (S. 170/A3)
Zufahrt über Dinkelsbühler Straße, 91555 Feuchtwangen
GPS: 49.162381, 10.325056
7 Stellplätze außerhalb der Altstadt am

Feuchtwanger Freibad. Einfach und kostenfrei – super für eine Nacht, nur Gebühren für Strom und Wasser fallen an.

C 615 Campingpark Romantische Straße (S. 170/A3+B3), Kobeltsmühle 6, 91550 Dinkelsbühl, Tel. 09851/7817, campingplatz-dinkelsbuehl.de
GPS: 49.081080, 10.333034
Der Campingplatz liegt ein gutes Stück außerhalb der Altstadt, die am besten mit dem Fahrrad erreichbar ist. 300 m vor dem Campingplatz findet man für 12 Wohnmobile Stellplätze (Dürrwanger Straße).

S 616 Wohnmobilstellplatz Dinkelsbühl P2a (S. 170/A3)
Mönchsrother Str. 11–17, 91550 Dinkelsbühl
GPS: 49.063979, 10.327230
Südlich der Stadt vor dem Nördlinger Tor finden 40 Wohnmobile Platz. Ideal gelegen und ausgestattet mit Stromanschlüssen, Frischwasserentnahme und Entsorgungsmöglichkeiten. Alternativ gibt es den zweiten Wohnmobilstellplatz P5 in der Larrieder Straße (GPS: 49.074556, 10.321043), nördlich der Stadt an der Wörnitz.

S 617 Wohnmobilstellplatz Römerpark Ruffenhofen (S. 170/B3)
Römerpark Ruffenhofen, 91749 Wittelshofen
GPS: 49.045193, 10.488736
Neben dem Limeseum in völliger Alleinlage und mit bester Aussicht über das Tal der Wörnitz. Sehr ruhig! Strom (nur wenige Säulen), Wasser und Toilettenentsorgung vor Ort.

S 618 Stellplatz Parkplatz Kaiserwiese/ Am Schlössle (S. 170/B4)
Würzburger Str. 12, 86720 Nördlingen, ferienland-donau-ries.de
GPS: 48.855391, 10.484222
Befestigter und beleuchteter Wohnmobilstellplatz auf dem Parkplatz Kaiserwiese mit Grünanlage, Stromversorgung und Sanitärstation. Durch die Lage nur wenige Gehminuten vom historischen Stadtzentrum entfernt.

In Rothenburg kann es während der Hochsaison schon mal eng werden, aber eigentlich findet sich immer ein Plätzchen auf dem Stellplatz. (S 613)

C 619 Campingplatz Bella Augusta (S. 170/C6), Mühlhauser Str. 54 B, 86169 Augsburg, Tel. 0821/707575, bella-augusta.de
GPS: 48.411576, 10.924065
Der Campingplatz mit Badestelle liegt direkt am Autobahnsee, einem Baggersee. Mit dem Wohnmobil ist man in nur 15 Minuten im Stadtzentrum. Trotz der nahen Autobahn sehr ruhig und gepflegt. Restaurant und Biergarten sind in Fußnähe.

S 620 Wohnmobilstellplatz Wertach (S. 170/C6), Bürgermeister-Ackermann-Str. 1, 86156 Augsburg, Tel. 0821/551686
GPS: 48.369625, 10.877765
Dieser kleine Stellplatz mitten in der Stadt eignet sich perfekt für die Stadtbesichtigung. Die nahe Straße hört man etwas, auch in der Nacht. Aber die Lage unweit der Wertach nebst Badestelle sowie ein gutes Restaurant machen das wett. Der Platz verfügt über Strom sowie Trinkwasser- und Abwasserentleerung.

Der Augsburger Stellplatz liegt direkt am Ufer der Wertach; wer einen der Flussplätze erwischt, steht mitten im Grünen. (S 620)

» REISE-INFORMATIONEN VON A BIS Z

Regensburg an der Donau

Zeit für eine Einkehr wie im Ratskeller von Würzburg sollten wir uns unbedingt nehmen, alleine schon, um die vielfältige und doch sehr unterschiedliche Küche Bayerns besser kennenzulernen.

ANREISE

Wer aus Deutschland einreist, trifft in der Regel bei Aschaffenburg auf der A3, bei Bad Brückenau auf der A7, bei Hof über die A9 oder die A72 oder bei Ulm über die A8 auf Bayern. Sowohl von Aschaffenburg als auch von Ulm kann man gleich auf einer der Routen starten.

BADEN

Fast überall in Bayern kann man im Sommer baden. Es gibt unzählige Freibäder und jede Menge große und kleine Seen, Überbleibsel der letzten Eiszeit. Zu diesen gesellen sich etliche Baggerweiher und Flussbäder. Die Wasserqualität ist fast immer hervorragend, aber nicht an allen Seen gibt es eine klassische Badeaufsicht, das heißt, oft erfolgt das Baden auf eigene Gefahr.

BAROCK

Kaum ein anderer Baustil steht so sehr für bayerische Kunst wie der Barock, vor allem in Süddeutschland. Der Baustil wurde nach dem Dreißigjährigen Krieg aus Italien »importiert« und in Bayern auf die Spitze getrieben. Fassaden wurden aufgelöst sowie vertikal und horizontal unterteilt. Balkone wurden gebaut und Zwiebeltürme aufgesetzt. Das Kircheninnere wurde zu einem Blick in den Himmel, am besten sichtbar in den üppig ausgeschmückten Deckenfresken. Im Zentrum steht immer die göttliche Macht: die Dreifaltigkeit, Maria oder der Kirchenpatron. Um sie herum schweben Engel und Heilige, meist geordnet nach ihrer Bedeutung. Und, absolut neu, ganz am Rand findet man »normale« Menschen, den Maler etwa in einem Selbstporträt, den Stifter der Kirche oder auch nur namenlose Zuschauer, die erstaunt in die Szenerie blicken.

BIER

Gerste, Hopfen und Malz – Gott erhalt's! Bier und Bayern, das gehört einfach zusammen. Und das ist sicherlich kein Klischee, da stecken mehr als 500 Jahre bayerische Geschichte drin. Laut Bayerischer Landesordnung im Jahr 1516 durften für das Bier nur die drei Zutaten Gerste, Hopfen und Wasser verwendet werden. Auf das Reinheitsgebot pochen bayerische Bierbrauer heute noch,

auch wenn mittlerweile selbstverständlich Hefe hinzugefügt wird. Seit einigen Jahren rumort es jedoch im bayerischen Bierland. Viele neue kleine Brauereien sind entstanden, und handgemachtes Bier oder neue Craftbiersorten sind in. Und wer jetzt glaubt, Oberbayern sei der Vorreiter in Sachen Bierbraukunst, der irrt sich gewaltig. In Franken gibt es viel mehr Brauereien als im Süden. Da darf man sich darauf freuen, vor allem, wenn man sein Bett dabeihat und nicht mehr fahren muss.

CAMPINGPLATZ UND STELLPLATZ

Camping- und Stellplätze liegen über ganz Bayern in der unterschiedlichsten Dichte verteilt. Campingplätze bieten in der Regel mehr Service als ein reiner Stellplatz, denn dort gibt es Duschen/Toiletten und andere Annehmlichkeiten. Sie befinden sich aber oft außerhalb der Ortschaften, dafür meist in herrlicher Natur. Manche der Campingplätze besitzen einen abgetrennten Bereich, den man als Stellplatz, meist für eine Nacht, benutzen kann. Mittlerweile sind aber auch Luxusstellplätze im Vormarsch, die für viel Wohlgefühl sorgen. So fallen Stellplätze recht unterschiedlich aus, denn es gibt auch ganz schlichte. Manche kosten noch nicht einmal eine Parkgebühr, wobei für Strom, Wasser und Entsorgung in der Regel immer ein kleiner Betrag anfällt. Wir selbst finden es sehr angenehm, unser Haus auf vier Rädern dabeizuhaben, sodass wir öfter Stellplätze benutzen, denn wir wollen viel besichtigen. So sparen wir uns die Zeit für das Ein- und Auschecken am Campingplatz und sind flexibel, weil wir uns an keine Öffnungszeiten halten müssen. Campingplätze steuern wir nur an, wenn wir Erholung suchen, unsere Markise ausfahren und die Liegestühle im Grünen auspacken wollen.

ESSEN

Verhungern oder verdursten muss in Bayern niemand. Fast überall finden sich Wirtshäuser und Gasthöfe sowie zahlreiche Cafés, in denen es Kleinigkeiten zu essen gibt. Das Ganze in einer enormen gastronomischen Vielfalt, sodass man bayerisch essen kann, aber nicht muss. Leider haben nicht alle Betriebe tagsüber geöffnet. Gerade in entlegeneren Gebieten gibt es manche, die nur noch an Wochenenden offen sind. Wer sich

Gerade für das Mittagsschläfchen suchen wir uns gerne absolut ruhige Plätze mitten im Grünen aus, und davon gibt es in Bayern zum Glück mehr als genug.

Es lohnt sich die Räder mitzunehmen, so kann man entferntere Ziele wie die St. Kolomanskirche bei Füssen erkunden, und natürlich tut uns die Bewegung nach den Autofahrten gut.

auf eine bestimmte Wirtschaft freut, sollte vorab im Internet die Öffnungszeiten recherchieren. Übrigens gibt es in Bayern ein paar, wenn auch ungeschriebene, Regeln. An den Stammtisch setzt man sich zum Beispiel nur, wenn man dazu aufgefordert wird. Und: In Bayern bedeutet der Biergarten zwar normalerweise, dass man sein Essen selbst mitbringen darf, das ist aber nur in einigen der großen Biergärten rund um München so. Wenn wir von Biergarten schreiben, meinen wir einfach einen Gastgarten bzw. Außengastronomie.

FAHRRAD

Auf unser Fahrrad verzichten wir nie bei einer Reise durch Bayern. Es gibt viele entlegene Ecken und Winkel, die wir am besten auf den Rädern erreichen, denn sie bleiben allen Autofahrern verborgen. Entlang der Flüsse und Seen genießen wir schöne flache Touren, aber man darf nicht vergessen, dass Bayern sehr hügelig ist, im Süden sogar bergig. So hilft eine Gangschaltung mit kleinen Ritzeln ungemein, aber natürlich auch ein E-Bike, das uns komfortabel zu den schönsten Plätzen bringt.

FEUER UND GRILLEN

Feuer machen und auf Holzkohle grillen ist mittlerweile fast überall verboten – auf den engeren Stellplätzen in Stadtnähe allein schon aus Rücksicht auf die Nachbarn, in freier Natur wegen der immer größer werdenden Wald- und Flächenbrandgefahr. Aber ab und an gibt es besondere Picknickplätze mit Feuerstellen, wobei auch diese nur benutzt werden dürfen, wenn nicht gerade Trockenheit herrscht.

HUNDE

Hunde sind gern gesehen, aber in vielen Gemeinden herrscht Leinenzwang. Bei einigen Ausflügen, z. B. mit der Bayerischen Seenschifffahrt oder in Bergbahnen, besteht sogar Maulkorbpflicht. An vielen Seen und Badeweihern darf man im Sommer seinen Hund nicht baden lassen. Vor allem in den Nationalparks sowie in den meisten Naturschutzgebieten dürfen Hunde zum Schutz der Natur und ihrer Wildtiere nicht frei laufen. Es versteht sich von selbst, dass überall alle Hundehaufen beseitigt werden, auch die von einer Wiese, denn das Gras dient als Futter, und Hundekot ist z. B. für Kühe gefährlich. Und natürlich gehören die Hundetütchen in den Abfalleimer und werden nicht in der Natur entsorgt – für viele Hundehalter eine Selbstverständlichkeit, aber leider nicht für alle.

KURTAXE

In einigen Gemeinden wird eine Kurtaxe erhoben, die der touristischen Infrastruktur dient. Wenn sie zusammen mit einer Gästekarte ausgegeben wird, hat das Vorteile, denn mit ihr gibt es Vergünstigungen, beispielsweise freie Fahrten mit den öffentlichen Verkehrsmitteln.

PARKEN

Wir fahren ein großes Fahrzeug, deshalb kann die Suche nach einem geeigneten Parkplatz schon etwas dauern. Gerade an Touristen-Hotspots gibt es Engpässe, und da reichen die Parkplätze nicht für alle aus. Auf keinen Fall darf man sich in Parkverbotszonen stellen oder Ein- und Ausfahrten, auch nicht die von landwirtschaftlichen Wegen, oder gar Noteinsatzwege blockieren. Besser ist es, etwas außerhalb zu parken und auf das Fahrrad oder öffentliche Verkehrsmittel für die »letzte Meile« zurückzugreifen. Wichtig ist auch, immer ein wenig Kleingeld für die Parkautomaten parat zu haben, wobei sich Parkgebühren immer öfter auch mit Apps wie Park Now oder EasyPark per Handy bezahlen lassen.

UMWELT

Auch wenn es eigentlich selbstverständlich sein sollte: Auch auf Reisen gehört der Müll getrennt und fachgerecht entsorgt. Abwasser darf niemals in freier Natur oder über einem Gullydeckel abgelassen werden. Es gibt mittlerweile überall genügend Entsorgungsstellen, und das gilt ebenfalls für die Chemietoilette, die man nicht in einer öffentlichen Toilette entleeren darf. Außerdem ist für einige bayerische Städte zwingend die grüne Umweltplakette erforderlich.

Einige der schönsten Plätze, oben die Buchberger Leite im Bayerischen Wald, lassen sich nur zu Fuß erkunden, deshalb packen wir unbedingt gute Wanderschuhe mit ein.

WANDERN

Bayern mit seiner herrlichen Natur ist geradezu prädestiniert zum Wandern. Es lohnt sich, Wanderschuhe und einen kleinen Rucksack mitzunehmen. Aber besonders für Touren in die Berge herrschen andere Regeln als im Flachland. Vorab sollte man sich sicherheitshalber immer über die Länge und zu erwartende Schwierigkeit der geplanten Tour informieren. Achtung auch vor Wetterumschwüngen im Gebirge. Falls – vor allem im Sommer – nachmittags Gewitter angesagt sind, sollte man nicht unterwegs sein.

WEIN

Bayern ist nicht nur für sein Bier bekannt, sondern auch für seinen Wein. Gerade in Unterfranken gibt es sehr exklusive Steillagen, die hervorragende Qualität versprechen. Es macht Spaß, die vielfältige fränkische Weinkultur zu erkunden und auch regional einzukaufen, um dann noch zu Hause davon zu profitieren.

REGISTER

PS: DA FÄLLT UNS NOCH WAS EIN!

Wir lieben Bayern! Wir lieben die Menschen, die vielfältige Landschaft, die Kultur und das Brauchtum, die Kirchen und Klöster, die kleinen Dörfer und großen Städte, das bayerische Essen vom deftigen Schweinebraten bis hin zu den zarten Mehlspeisen. Wir lieben Bayerns Hügel und die Berge, seine Seen und die Flüsse – und wir schätzen uns unendlich glücklich, hier zu Hause sein zu dürfen.

Deshalb bedauern wir zutiefst, in diesem Buch nur einen klitzekleinen Bruchteil der Routen vorstellen zu können, mit denen wir Ihnen Bayern näherbringen wollten. Leider sind noch viele Bereiche auf der bayerischen Landkarte »weiß« geblieben, obwohl sie eine Reise wert sind, aber das hätte den Rahmen dieses Wohnmobilführers völlig gesprengt. Und bevor man nur zu den größten und bekanntesten bayerischen Highlights hetzt, ist es viel besser, sich bestimmte Gegenden intensiver anzusehen. Vor allem, um die eine oder andere Kleinigkeit am Wegesrand zu entdecken, die nicht in jedem Reiseführer steht.

So haben wir München und Nürnberg völlig ausgelassen, doch allein schon diese Städte sind mehrere Tage Besichtigung wert. Genauso wie die schönen Orte Bamberg und Bayreuth, die wir gern bei einer Rundfahrt durch die Fränkische Schweiz oder entlang des Mains vorgestellt hätten. Auch die Rhön, die Oberpfalz und das Fünfseenland kommen zu kurz, was unendlich schade ist, aber es war schlicht kein Platz mehr in diesem Buch. Daher hoffen wir, dass es irgendwann eine Fortsetzung gibt, denn Bayern ist definitiv mehr als eine Reise wert. Ideen und Material für weitere Wohnmobilreisen durch Bayern haben wir genug.

Nun wünschen wir Ihnen allzeit eine gute Fahrt und viel Spaß beim Entdecken der traumhaft schönen bayerischen Landschaften!

Herzlichst
Lisa und Wilfried Bahnmüller

Wir würden uns freuen, wenn Sie sich Zeit für die vorgeschlagenen Abstecher und Varianten wie z. B. zum Staffelsee bei Murnau nehmen, denn so erlebt man Bayern noch intensiver.

Maria Brünnlein bei Wemding besuchen wir auf der Route 6.

» STRASSENATLAS

Cottbus
Dessau
Paderborn
Weser
Saale
Göttingen
Nordhausen
Halle
Elbe
Kassel
LEIPZIG
DRESDEN
Erfurt
Bad Hersfeld
Eisenach
Werra
Jena
Chemnitz
Zwickau
Fulda
Hof
FRANKFURT a. Main
Coburg
Karlovy Vary
PRAG
Schweinfurt
173
174
175
Bayreuth
TSCHECHIEN
Main
Darm-stadt
Würzburg
Bamberg
Erlangen
Klatovy
Fürth
NÜRNBERG
Heidelberg
Schwandorf
Heilbronn
Regens-burg
169
170
171
Regen
172
Straubing
Deggendorf
STUTTGART
Ingolstadt
Donau
Isar
Lech
Passau
Freising
Ulm
Neu-Ulm
Augsburg
Inn
Altötting
Donau
MÜNCHEN
Memmingen
Landsberg a. Lech
Isar
Chiem-see
Rosenheim
166
167
168
Salzburg
Friedrichs-hafen
Kempten
Konstanz
Bodensee
Lindau
Füssen
Garmisch-Partenkirchen
Kufstein
Inn
Innsbruck
Vaduz
ÖSTERREICH
SCHWEIZ

LEGENDE

1 Route 1 - KLÖSTER IN SCHWABEN ZWISCHEN DONAU UND DEM BODENSEE

2 Route 2 - DIE »ONCE IN A LIFETIME«-STRECKE: ENTLANG DER DEUTSCHEN ALPENSTRASSE

3 Route 3 - IM GRENZGEBIET ZWISCHEN ALPEN UND DONAU

4 Route 4 - DURCH DEN BAYERISCHEN WALD ZU DEN DONAUPERLEN

5 Route 5 - FLUSSLANDSCHAFTEN IM ALTMÜHLTAL – EIN HERZSTÜCK MITTELFRANKENS

6 Route 6 - ROMANTISCHES FRANKEN UND BAYERISCH-SCHWABEN

A 1 E 85	Autobahn mit Anschlussstelle	C 10	Campingplätze
3	Schnellstraße	S 10	Stellplätze
62	Fernstraße		Sehenswürdigkeit – Kultur
	Nebenstraße		Sehenswürdigkeit – Natur
	Sonstige Straße		Kirche, Kloster
	Fahrweg		Klosterruine
	Eisenbahn		Schloss
	Fluss		Schlossruine
	See		Museum
	Bebauung		Höhle
	Natur-, Nationalpark		Windmühle
	Staatsgrenze mit Grenzübergang		Leuchtturm
			Hünengrab
			Aussichtspunkt
			Flughafen

HUBER KARTOGRAPHIE

N

0 20 km

1 : 650.000

169
170
A
B
C
D
1
2
3
4
5
6
Ulm
Neu-Ulm
S 100
C 101
S 102
S 103
C 104
C 201
C/S 202
S 200
C 204
S 203
S 205
S 206
C 207
S 208
C 209
C 210
C 211
S 212
S 213
S 214
S 215
S 216
C 217
Memmingen
Kempten (Allgäu)
Biberach
Ravensburg
Lindau
Bregenz
Dornbirn
Wangen
Leutkirch
Isny i.A.
Immenstadt
Sonthofen
Oberstdorf
Füssen
Pfronten
Kaufbeuren
Marktoberdorf
Mindelheim
Krumbach
Günzburg
Leipheim
Illertissen
Weißenhorn
Pfaffenhofen a. d. Roth
Senden
Vöhringen
Babenhausen
Ottobeuren
Bad Grönenbach
Dietmannsried
Kimratshofen
Lindenberg
Weiler-Simmerberg
Oberstaufen
Blaichach
Bad Hindelang
Fischen i. A.
Obermaiselstein
Riezlern
Mittelberg
Nesselwang
Oy-Mittelberg
Waltenhofen
Durach
Buchenberg
Weitnau
Missen
Wertach
Unterjoch
Schattwald
Grünten 1738
Hochgrat 1883
Nebelhorn 2224
Hochvogel 2593
Hoher Ifen 2232
Mädelegabel 2649
Wetterspitze 2551
Allgäuer Alpen
Lechtaler Alpen
Donau
Schwäbische Alb
Lego-land
Allgäu Skyline Park
Miniland
Eistobel
Breitachklamm
Neuschwanstein
Forggensee
Alpsee
Bad Wörishofen
Landsberg a. Lech
Augsburg
Dillingen a.d.Donau
Lauingen
Wertingen
Burgau
Ehingen
Blaubeuren
Laichingen
Laupheim
Ochsenhausen
Bad Wurzach
Bad Waldsee
Aulendorf
Weingarten
Tettnang
Kressbronn
Wasserburg
Hard
Höchst
Lustenau
Hohenems
Altach
Götzis
Reutte
Weißenbach
Tannheim
Kißlegg
Altusried
Legau
Aitrach
Bad Buchau
Schussenried
Museumsdf.
Schloss Zeil
Bauernhausmus.
Blautopf
Rappenlochschlucht
Ravensburger Spieleland
Federsee
7
8
96

170
171
168

E
F
G
H
1
2
3
4
5
6
Schrobenhausen
Pfaffenhofen
Scheyern
Wolnzach
Hallertau
Nandlstadt
Moosburg a.d. Isar
Landshut
Burg Trausnitz
Altdorf
Ergolding
Geisenhausen
Aichach
Kühbach
Gerolsbach
Ilmmünster
Schweitenkchn.
Kirchdorf
Allershausen
Zolling
Freising
Wartenbg.
Langenpreising
Velden
Friedberg
Dasing
Altomünster
Markt Indersdorf
Petershausen
Röhrmoos
Schwabhausen
Hallbergmoos
Erding
Taufkirchen
Dorfen
Mering
Bergkirchen
Dachau
Unt.-schleißheim
Eching
Neufahrn b. Freising
Garching
Ismaning
Unterföhring
Ober-schleißheim
Karlsfeld
Mkt. Schwaben
Speichersee
Maisach
Olching
Fürstenfeldbruck
Gröbenzell
Eichenau
Puchheim
MÜNCHEN
Poing
Haag
Germering
Gilching
Gräfelfing
Planegg
Neuried
Haar
Vaterstetten
Ebersberg
Gauting
Pullach i. Isartal
Bavaria Filmstadt
Unterhach.
Ottobr.
Höhenkchn.-Siegertsbr.
Kirchseeon
Grafing b. München
Wasserburg
Seefeld
Wörthsee
Pilsensee
Herrsching
Starnberg
Ammersee
Schäftlarn
Oberhaching
Sauerlach
Hofolding
Aying
Andechs
Dießen
Berg
Icking
Wolfratshausen
Freizeitpark Märchenwald
Starnberger See
Tutzing
Münsing
Geretsried
Holzkirchen
Westerham
Feldkchn.
Bruckmühl
Bad Aibling
Kolbermoor
Rosenheim
Stephanskirchen
Prien
Weilheim
Seeshaupt
Penzberg
Bad Tölz
Miesbach
Gmund
Hausham
Schliersee
Tegernsee
Bad Feilnbach
Raubling
Brannenburg
Wendelstein 1838
Peißenberg
Bad Heilbronn
Bad Wiessee
Lenggries
Rottach-Egern
Murnau
Großweil
Staffelsee
Kochel
Kochelsee
Benediktenwand 1801
Freilichtmus.
Oberammergau
Bad Kohlgrub
Walchensee
Jachenau
Sylvensteinsee
Kreuth
Spitzingsee
Oberaudorf
Kiefersfelden
Kufstein
Kaisergebirge
Garmisch-Partenkirchen
Grainau
Oberau
Ettal
Wallgau
Krün
Vorderriß
Fall
Achental
Achenkirch
Guffert-Sp. 2196
Kaiserklamm
Mariastein
Kirchbichl
Wörgl
Bad Häring
Söll
Eibsee
Zugspitze 2962
Mittenwald
Westl. Karwendelsp. 2385
Hinterriß
Achensee
Pertisau
Kramsach
Kundl
Rattenberg
Brixlegg
Hopfgarten
Porta Claudia
Scharnitz
Birkkar-Sp. 2733
Eng
Schloss Tratzberg
Jenbach
Maurach
Alpbach
Wettersteingeb.
Leutasch
Seefeld
Karwendel
Gr. Bettelwurf-Sp. 2725
Vomp
Schwaz
Fügen
Krondlhorn 2444
Telfs
INNSBRUCK
Hall
Wattens
Fritzens
Stams
Inzing
Zirl
Flaurling
Tulfes
Aschau
Wald
S 219
C 220
S 221
S 222
S 223
C 224
S 225
S 226
S 227
C 228
S 229
S 230
S 231
Bayerische Alpen
8
9
92
93
94
95
99
952
A12

171
172
167

A
B
C
D
1
2
3
4
5
6
SALZBURG
Salzkammergut
Tennengau
Kitzbüheler Alpen
Oberpinzgau
Unterpinzgau
Leoganger Steinberge
Steinernes Meer
Loferer Steinberge
Nationalpark Berchtesgaden
Hagengebirge
Watzmann 2713
Hochkönig 2941
Wildseeloder 2119
Steinplatte 1871
Königssee
Chiemsee
Waginger See
Mondsee
Attersee
Wolfgangsee
Mattsee
Obertrumer See
Wallersee
Irrsee
Zeller See
Inn
Salzach
Bayern-Park
Freilichtmuseum
Märchen-Freizeitpark
Saline
Salzbergwerk
Lamprechtsofenloch
Eisenriesenwelt
S 232
S 233
S 237
S 238
S 300
S 302
S 303
C 236
C 301
C 304
C/S 234
C/S 235
A1
A10
Ortenburg
Fürstenzell
Neuburg
Neuhaus
Schärding
Ruhstorf
Pocking
Bad Füssing
Bad Birnbach
Bad Griesbach
Pfarrkirchen
Eggenfelden
Gangkofen
Vilsbiburg
Neumarkt-St. Veit
Simbach a. Inn
Braunau am Inn
Altötting
Neuötting
Töging
Mühldorf am Inn
Waldkraiburg
Burghausen
Burgkirchen
Garching
Tittmoning
Trostberg
Tacherting
Traunreut
Traunstein
Waging a. See
Laufen
Oberndorf
Teisendorf
Freilassing
Ainring
Siegsdorf
Ruhpolding
Inzell
Bad Reichenhall
Piding
Grödig
Hallein
Berchtesgaden
Bischofswiesen
Schönau
Ramsau
Königssee
Bayer. Gmain
Schneizlreuth
Unken
Lofer
St. Martin
Weißbach
Saalfelden
Maria Alm
Leogang
Saalbach-Hinterglemm
Zell
Bruck
Taxenbach
Maishofen
St. Johann in Tirol
Kitzbühel
Fieberbrunn
Hochfilzen
Jochberg
Kössen
Reit i. Winkl
Unterwössen
Marquartstein
Grassau
Bernau
Prien
Aschau
Frasdorf
Bischofshofen
Hüttau
Werfen
Golling
Kuchl
Abtenau
Annaberg
St. Johann im Pongau
Schwarzach
St. Veit
Wagrain
Flachau
Altenmarkt
Radstadt
Filzmoos
Ramsau a. Dachstein
Schladming
Untertauern
Mondsee
St. Gilgen
St. Wolfgang
Strobl
Fuschl
Hof
Faistenau
Elsbethen
Seekirchen a.W.
Neumarkt
Straßwalchen
Mattighofen
Ried
Vöcklabruck
Vöcklamarkt
Frankenmarkt
Unterach
Steinbach
Weyregg
Attersee
Timelkam
Hallstatt
Gosau
Rußbach
Dachstein Hoher Dachstein
Mittersill
Kaprun
Piesendorf
Uttendorf
Dienten
Mühlbach
Kleinarl
Großarl

174
175
170
E
F
G
H
1
2
3
4
5
6
S 611
C 610
C 612
S 613
S 614
C 615
S 616
S 618
S 100
6
1
Walldürn
Höpfingen
Lauda-Königshofen
Grünsfeld
Tauberbischofsheim
Gaukönigshofen
Ochsenfurt
Wittighausen
Euerhausen
Oberickelsheim
Oellingen
Bernsfelden
Aub
Uffenheim
Bad Windsheim
Freilandmus.
Buchen
Mudau
Hainstadt
Boxberg
Bad Mergentheim
Wildpark
Igersheim
Röttingen
Bieberehren
Simmershofen
Creglingen
Weikersheim
Reichelshofen
Rinderfeld
Rothenburg ob d. Tauber
Osterburken
Adelsheim
Schefflenz
Assamstadt
Herbsthausen
Niederstetten
Dörzbach
Hohebach
Krautheim
Schöntal
Mulfingen
Schrozberg
Gammesfeld
Geslau
Colmberg
Leutershausen
Möckmühl
Ingelfingen
Künzelsau
Buchenbach
Blaufelden
Insingen
Schillingsfürst
Dombühl
Neudenau
Forchtenberg
Niedernhall
Gerabronn
Rot am See
Bad Friedrichshall
Neuenstadt
Öhringen
Kupferzell
Langenburg
Kirchberg a.d. Jagst
Dorfgütingen
Herrieden
Neckarsulm
Neuenstein
Waldenburg
Wallhausen
Feuchtwangen
Bretzfeld
Pfedelbach
Untermünkheim
Ilshofen
Satteldorf
Mariäkappel
Schwäbisch-Fränkischer Wald
Hohenlohe
Obersulm
Mainhardt
Schwäbisch Hall
Crailsheim
Schopfloch
Michelbach a.d.B.
Vellberg
Gründelhardt
Stimpfach
Dinkelsbühl
Wüstenrot
Obersontheim
Bühlertann
Jagstzell
Gerolfingen
Beilstein
Großerlach
Sulzbach a.d. Murr
Oberrot
Gaildorf
Bühlerzell
Rosenberg
Ellwangen
Großbottwar
Steinheim
Aspach
Murrhardt
Fichtenberg
Sulzbach-Laufen
Marbach
Backnang
Gschwend
Adelmannsfelden
Neuler
Röhlingen
Unterschneidheim
Ludwigsburg
Affalterbach
Allmersbach i.Tal
Schwabenpark Gmeinweiler
Untergröningen
Hüttlingen
Westhausen
Bopfingen
Winnenden
Welzheim
Spraitbach
Eschach
Abtsgmünd
Wasseralfingen
Lauchheim
Waiblingen
Alfdorf
Leinzell
Heuchlingen
Aalen
Fellbach
Weinstadt
Schorndorf
Urbach
Plüderhausen
Mutlangen
Böbingen
Mögglingen
Unterkochen
Oberkochen
STUTTGART
Mercedes-Benz-Mus.
Esslingen
Ostfildern
Baltmannsweiler
Lorch
Schwäbisch Gmünd
Essingen
Heubach
Bartholomä
Königsbronn
Neresheim
Plochingen
Ebersbach
Rechberghausen
Waldstetten
Lauterstein
Nattheim
Reichenbach
Uhingen
Göppingen
Eislingen
Donzdorf
Steinheim
Heidenheim
Dischingen
Wernau
Wendlingen
Kirchheim unt. Teck
Bad Boll
Hattenhofen
Salach
Süßen
Gingen
Böhmenkirch
Giengen
Nürtingen
Dettingen u.T.
Kuchen
Geislingen
Gerstetten
Herbrechtingen
Frickenhausen
Weilheim a.d. Teck
Deggingen
Bad Überkingen
Hermaringen
Lauingen
Freilichtmuseum
Owen
Bad Ditzenbach
Amstetten
Weidenstetten
Ballendorf
Sontheim
Metzingen
Neuffen
Lenningen
Hohenstadt
Nellingen
Lonsee
Neenstetten
Niederstotzingen
Gundelfingen
Dettingen a.d. Erms
Grabenstetten
Westerheim
Westerstetten
Bernstadt
Langenau
Bad Urach
Römerstein
Merklingen
Laichingen
Günzburg
Pfullingen
St.Johann
Feldstetten
Berghülen
Dornstadt
Blaustein
Elchingen
Leipheim
Burgau
Lichtenstein
Münsingen
Blautopf
Blaubeuren
Ulm
Neu-Ulm
Nersingen
Lego-land
Gomadingen
Marbach
Schelklingen
Holzheim
Bibertal
Engstingen
Bernloch
Buttenhausen
Bremelau
Eggingen
Pfaffenhofen a.d. Roth
Ichenhausen
Hohenstein
Allmendingen
Erbach
Altheim
Ehingen
Oberdischingen
Senden
Weißenhorn
Schwäbische Alb
Ries

174
175
169
166
167
A
B
C
D
1
2
3
4
5
6
Ochsenfurt
Marktbreit
Erlangen
Fürth
Nürnberg
Neustadt a.d. Aisch
Herzogenaurach
Emskirchen
Langenzenn
Cadolzburg
Zirndorf
Playmobil Fun Park
Oberasbach
Stein
Schwaig b. N.
Eckental
Heroldsberg
Lauf a.d. Pegnitz
Röthenbach
Feucht
Schwarzenbruck
Wendelstein
Schwabach
Uffenheim
Bad Windsheim
Freilandmus.
Markt Erlbach
Creglingen
Rothenburg ob d. Tauber
C 612
S 613
Schillingsfürst
Dombühl
Ansbach
Leutershausen
Heilsbronn
Petersaurach
Neuendettelsau
Windsbach
Roth
Schwanstetten
Allersberg
Feuchtwangen
S 614
Dinkelsbühl
C 615
S 616
Wassertrüdingen
S 617
Gunzenhausen
Spalt
Georgensgmünd
Hilpoltstein
Pleinfeld
Weißenburg i. Bayern
Treuchtlingen
S 504
Pappenheim
Eichstätt
S 503
Crailsheim
Ellwangen
Aalen
Bopfingen
Nördlingen
S 618
Oettingen
Wemding
Harburg
Donauwörth
Rain
Neuburg a.d.Donau
Heidenheim
Giengen
Lauingen
Dillingen a.d.Donau
Höchstädt
Wertingen
Meitingen
Gersthofen
Augsburg
C 619
S 620
Fuggerei
Friedberg
Günzburg
Leipheim
Neu-Ulm
Lego-land
Burgau
Zusmarshausen
Neusäß
Stadtbergen
Schrobenhausen
Aichach
Pfaffenhofen a. d. Roth
Ries
Fränk. Alb
Schwäb. Alb
Donauried
Donaumoos
Altmühlsee
Gr. Brombachsee

175
E
F
G
H
1
2
3
4
5
6
172
167
168
Neuhaus
Velden
Königstein
Edelsfeld
Hirschbach
Neukirchen b. Sulzb.-Rosenbg.
Pommelsbrunn
Hartmanns-hof
Sunzendorf
Alfeld
Illschwang
Groß-schönbrunn
Gebenbach
Hahnbach
Sulz-bach-Rosenberg
Amberg
Kohlberg
Mantel
Weiherhammer
-Wildenau
Schnaittenbach
Hirschau
Hainstetten
Freuden-berg
Kemnath
Pfreimd
Luhe-
Wernberg-Köblitz
Vohenstrauß
Leuchtenberg
Trausnitz
Nabburg
Moosbach
Tännesberg
Pullenried
Teunz
Oberviechtach
Nieder-murach
Eslarn
Schönsee
Stadlern
Weiding
Winklarn
Železná
Bělá nad Radbuzou
Radbuza
Hostouň
Rybnik
Poběžovice
Draženov
Nemanice
Klenčí pod Čerchovem
Tiefenbach
Waldmünchen
Schönthal
Rötz
Dieters-kirchen
Schwarzhofen
Altendorf
Schwarzach b. Nabburg
Stulln
Kümmersbruck
Ursen-sollen
Ebermanns-dorf
Schwarzen-feld
Kastl
Lauterhofen
Hausen
Trautmanns-hofen
Utzen-hofen
Engels-berg
Ensdorf
Schwandorf
Schmid-mühlen
Hohenburg
Lauterach
Neunburg v. Wald
Wackersdorf
Steinberg
Bodenwöhr
Neukirchen-Balbini
Grafen-kirchen
Gleißenberg
Furth i. Wald
Stamsried
Waffen-brunn
Weiding
Arnschwang
Oberbuch-feld
Velburg
Deining
Hörmanns-dorf
Burglengenfeld
Teublitz
Fisch-bach
Bruck i.d. Opf.
Nittenau
Pösing
Cham
Rimbach
Chamerau
Seubersdorf i.d. Opf.
Rohrbach
Hohen-fels
Naab
Maxhütte-Haidhof
Reichenbach
Walderbach
Regen
Roding
Churpfalzpark Loifling
Wilting
Zandt
Miltach
Traitsching
Schorndorf
Wald
Zell
Falken-stein
Michels-neukirchen
Prackenbach
Parsberg
Daßwang
Kallmünz
Karlstein
Regenstauf
Wolfsegg
Duggendorf
Beratz-hausen
Willen-hofen
Holnstein
Berletz-hof
Breitenbrunn
Pielenhofen
Zeitlarn
Wenzenbach
Altenthann
Zinzen-zell
Konzell
Stallwang
Prünstfehlburg
Haibach
Laaber
Deuerling
Hemau
Dietfurt
S 500
C 410
S 409
Walhalla
Donau-stauf
Bach
Rettenbach
Wiesent
Wiesenfelden
Haselbach
Elisabethszell
Nittendorf
Regensburg
Tegernheim
Wörth a. d. D.
Ascha
Mitter-fels
Neu-kirchen
C 502
C 501
Meihern
Riedenburg
Painten
C 413
Ober-traubling
Neutraubling
Pfatter
Essing
Ihrlerstein
Kelheim
Geisling
Riekofen
C 408
Steinach
Pondorf
Prunn
Bad Abbach
Gebel-kfn.
Köfering
Parkstetten
Befreiungshalle
Donaudurchbruch
Kloster Weltenburg
Weltenburg
S 412
S 411
Saal a. d. D.
Hagelstadt
Sünching
Rain
S 407
Straubing
Alterhofen
Nieder-winkling
Donau
Mariaposching
Irlbach
Schönbrunn
Altmannstein
Mindelstetten
Bad Gögging
Abensberg
Dünzling
Paring
Aufhausen
Perkam
Pfakofen
Inkofen
Schierling
Langquaid
Salching
Geiselhöring
Straßkirchen
Kösching
Pförring
Neustadt a.d. D.
Biburg
Rohr i. NB
Laberweinting
Ober-schneiding
Leiblfing
Plattling
Wallersdorf
Vohburg a.d. Donau
Siegenburg
Kirchdorf
Pfaffenberg
Mallersdorf-
Hailing
Manching
Ernsgaden
Aigls-bach
Wildenberg
Neufahrn i. NB
Bayerbach b. Ergoldsb.
Mengkofen
Moos-thenning
Pilsting
Oberpöring
Geisenfeld
Lindkirchen
Rottenburg
Ergoldsbach
Lengthal
Landau a.d. Isar
Allenhofen
Pfeffenhausen
Hohenthann
Postau
Oberlauter-bach
Abens
Mainburg
Weih-michl
Essenbach
Dingolfing
Gott-friedng.
Mamming
Rengers-dorf
Rohrbach
Wolnzach
Volken-schwand
Furth
Wörth a.d. Isar
Loiching
Niederviehbach
Auf-hausen
Reisbach
Johannszell
Arnstorf
Au i.d. Hallertau
Hallertau
Nandlstadt
Hörgerts-hausen
Ober-münchen
Altdorf
Ergolding
Landshut
Marklkofen
Bayern-Park
Simbach
Malgersdorf
Sünzhsn.
Atten-kirchen
Mauern
Bruckberg
Burg Trausnitz
Adlkofen
Dietels-kchn.
Aham
Frontenhausen
Haberskchn.
Schweitenkchn.
Moosburg a.d. Isar
Tiefen-bach
Kum-hausen
Gerzen
Rimbach
Kirchdorf
Haag
Geisenhausen
Dirnaich
Falkenberg
Allershausen
Zolling
Isar
Buch a.E.
Vilsbiburg
Gangkofen
Kranzberg
Freising
Wartenbg.
Langenpreising
Altfraun-hofen
Eggenfelden
Freilichtmuseum
Egglkofen
Vils
Kirchberg
Baierbach
Massing
Unterdietfurt
Hebertsfelden
Fahrenz-hausen
Berglern
Inning a. Holz
Hohen-polding
Velden
Boden-kirchen
Neumarkt-St.Veit
Eitting
Langen-geisling
Hallbergmoos
Erding
Hofkirchen
Buchbach
Wurmsham
Gera
Neufahrn b. Freising
Eching
Walpertskirchen
Dorfen
Schwindegg
Lohkirchen
Winhöring

A
B
C
D
1
2
3
4
5
6
Klatovy
Domažlice
Sušice
Strakonice
Písek
Horažďovice
Prachatice
Vimperk
Volary
Bad Kötzting
Viechtach
Bodenmais
Zwiesel
Regen
Deggendorf
Grafenau
Freyung
Waldkirchen
Hauzenberg
Passau
Vilshofen
Osterhofen
Plattling
Pocking
Bad Füssing
Schärding
Pfarrkirchen
Bayer. Eisenstein
Nationalpark Bayer. Wald
Freilichtmuseum
R. Kašperk
Dreisessel 1323
Schlögener Schlinge
Donau
Inn
Otava
Moldau-Stausee
Bayerischer Wald
TSCHECHISC
REPUBLIK
C 405
S 406
S 404
C/S 403
C 402
S 401
S 400
S 305
S 306
C 304

171

168

E
F
G
H
1
2
3
4
5
6
Vogelsberg
Rhön
Spessart
Odenwald
Staufenberg
Rabenau
Göbelnrod
Mücke
Grünberg
Laubach
Lich
Hungen
Schotten
Ulrichstein
Lautertal
Köddingen
Feldatal
Lauterbach
Taufstein 773
Herbstein
Grebenhain
Ilbeshausen
Eschenrod
Hartmannshain
Eichelsdorf
Münzenberg
Nidda
Gedern
Hirzenhain
Echzell
Bad Nauheim
Friedberg
Ranstadt
Wenings
Ortenberg
Kefenrod
Glauburg
Florstadt
Altenstadt
Lindheim
Nidderau
Wächtersbach
Salmünster
Bad Soden-
Birstein
Fischborn
Hintersteinau
Freiensteinau
Flieden
Schlüchtern
Steinau
Sterbfritz
Erlebnispark Steinau
Bad Brückenau
Zeitlofs
Oberleichtersbach
Geroda
Bad Neustadt
Wildflecken
Kreuzberg 928
Oberweißenbrunn
Motten
Bischofsheim a. d. Rhön
Gersfeld (Rhön)
Wasserkuppe 950
Segelfliegermus.
Hilders
Tann
Museumsdorf
Hünfeld
Fulda
Petersberg
Künzell
Eichenzell
Hosenfeld
Hofbieber
Dipperz
Bad Salzschlirf
Großenlüder
Rixfeld
Neuhof
Kalbach
Hutten
Gelnhausen
Langenselbold
Bruchköbel
Bad Orb
Jossgrund
Linsengericht
Freigericht
Bieber
Wiesen
Lohrhaupten
Fellen
Burgsinn
Gräfendorf
Hammelburg
Diebach
Fuchsstadt
Oberthulba
Bad Kissingen
Euerdorf
Schl. Aschach
Nüdlingen
Bad Bocklet
Obersinn
Jossa
Marjoß
Roßbach
Wartmannsroth
Neuwirthshaus
Hanau
Maintal
Offenbach am Main
Rodenbach
Großkrotzenburg
Alzenau
Mömbris
Schöllkrippen
Geiselbach
Obertshausen
Seligenstadt
Kleinostheim
Hösbach
Laufach
Goldbach
Aschaffenburg
Heigenbrücken
Frammersbach
Partenstein
Rechtenbach
Lohr a. Main
Rieneck
Langenprozelten
Gemünden a. Main
Hofstetten
Wernfeld
Gössenheim
Karlstadt
Eußenheim
Arnstein
Schwebenried
Wülfershausen
Rodgau
Dietzenbach
Stockstadt a. Main
Babenhausen
Dieburg
Münster
Großostheim
Großwallstadt
Sulzbach a. Main
Mespelbrunn
Weibersbrunn
Neustadt
Steinfeld
Urspringen
Retzbach
Thüngen
Retzstadt
Zellingen
Thüngersheim
Hafenlohr
Dammbach
Schollbrunn
Marktheidenfeld
Leinach
Rimpar
Veitshöchheim
Zell a. Main
Würzburg
Residenz
Gerbrunn
Dettelbach
Kürnach
Obernburg
Elsenfeld
Erlenbach a. Main
Eschau
Wildensee
Mönchberg
Hasloch
Klingenberg a. Main
Wörth a. Main
Höchst
Otzberg
Uettingen
Collenberg
Wertheim
Bürgstadt
Freudenberg
Miltenberg
Großheubach
Eichenbühl
Neunkirchen
Neubrunn
Höchberg
Reichenberg
Eibelstadt
Sulzfeld
Sommerhausen
Ochsenfurt
Michelstadt
Erbach
Bad König
Boxbrunn
Weilbach
Amorbach
Kirchzell
Freilandmus.
Külsheim
Hardheim
Rippberg
Walldürn
Hundheim
Gamburg
Werbach
Königheim
Tauberbischofsheim
Großrinderfeld
Giebelstadt
Gaukönigshofen
Wittighausen
Euerhausen
Grünsfeld
Lauda-Königshofen
Bernsfelden
Röttingen
Aub
Biebehren
Igersheim
Weikersheim
Creglingen
Bad Mergentheim
Wildpark
Stuppach
Boxberg
Schloßau
Buchen
Mudau
Höpfingen
Hainstadt
Gerichtstetten
Ahorn
Berolzheim
Bödigheim
Rosenberg
Seckach
Osterburken
Adelsheim
Ravenstein
Assamstadt
Herbsthausen
Niederstetten
Rinderfeld
Dörzbach
Eberbach
Waldbrunn
Limbach
Hirschhorn (Neckar)
Neckarsteinach
Neckargemünd
Lindach
Elztal
Schefflenz
Mosbach
Billigheim
Obrigheim
Möckmühl
S 600
S 601
C 602
S 603
S 604
C 605
S 606
C 607
S 608
S 609
C 610
S 611
6
3
7
45
66
81

169
174

A
B
C
D
1
2
3
4
5
6
Lauterbach
Bad Salzschlirf
Hünfeld
Museumsdorf
Wasungen
Vogelsberg
Herbstein
Großenlüder
Fulda
Petersberg
Hofbieber
Hilders
Meiningen
Ulrichstein
Taufstein 773
Grebenhain
Künzell
Eichenzell
Wasserkuppe 950
Segelfliegermus.
Freilandmus.
Mellrichstadt
Rhön
Gedern
Neuhof
Gersfeld (Rhön)
Bischofsheim a. d. Rhön
Kalbach
Kreuzberg 928
Birstein
Schlüchtern
Wildflecken
Bad Neustadt
Bad Soden-Salmünster
Steinau
Erlebnispark Steinau
Bad Brückenau
Wächtersbach
Gelnhausen
Bad Orb
Schl. Aschach
Bad Bocklet
Münnerstadt
Bad Kissingen
Linsengericht
Freigericht
Spessart
Hammelburg
Oerlenbach
Mömbris
Frammersbach
Gemünden a. Main
Niederwerrn
Schweinfurt
Schonungen
Hösbach
Laufach
Lohr a. Main
Gochsheim
Aschaffenburg
Karlstadt
Arnstein
Werneck
Sulzbach a. Main
Zellingen
Kolitzheim
Gerolzhofen
Elsenfeld
Erlenbach a. Main
Marktheidenfeld
Rimpar
Veitshöchheim
Volkach
Dettelbach
Klingenberg a. Main
Würzburg
Residenz
Gerbrunn
Wertheim
Höchberg
Großheubach
Miltenberg
Kitzingen
Külsheim
Tauberbischofsheim
Ochsenfurt
Hardheim
Walldürn
Lauda-Königshofen
Buchen
Mudau
Boxberg
Igersheim
Bad Mergentheim
Wildpark
Weikersheim
Uffenheim
Bad Windsheim
Osterburken
Adelsheim
Niederstetten
Rothenburg ob d. Tauber
Creglingen
S 601
C 602
S 603
S 604
C 605
S 606
C 607
S 608
S 609
C 610
S 611
C 612
S 613
6
173
169
170

E
F
G
H
1
2
3
4
5
6
169
170
171
Thüringer Wald
Fränkische Schweiz
Fichtelgebirge
Suhl
Zella-Mehlis
Ilmenau
Langewiesen
Gehren
Königsee
Rottenbach
Saalfeld
Kamsdorf
Ranis
Moxa
Dreba
Dittersdorf
Triebes
Zeulenroda
Talsp. Hohenwarte
Plothen
Pöllwitz
Großbreitenbach
Neustadt
Frauenwald
Oberweißenbach
Arnsgereuth
Unterloquitz
Leutenberg
Möschlitz
Schleiz
Lössau
Pausa
Schleusingen
Themar
Gießübel
Masserberg
Cursdorf
Katzhütte
Neuhaus
Reichmannsdorf
Lichte
Gräfenthal
Probstzella
Remptendorf
Burgk
Mühltroff
Zollgrün
Schönberg
Saalburg
Tanna
Tobertitz
Gerhardtsgereuth
Wiedersb.
Schnett
Lauscha
Tettau
Ludwigsstadt
Lehesten
Ebersdorf
Bleilochtalsperre
Gefell
Brünn
Crock
Steinheid
Haselbach
Wurzbach
Bad Lobenstein
Frössen
Gutenfürst
Bürden
Sachsenbrunn
Steinbach
Hirschberg
Töpen
Hildburghausen
Veilsdorf
Eisfeld
Rauenstein
Steinach
Teuschnitz
Bachfeld
Mengersgereuth-Hämmern
Schalkau
Nordhalben
Lichtenbg.
Blankenstein
Berg
Feilitzsch
Steinfeld
Sonneberg
Bad Steben
Strauhain
Bad Rodach
Lautertal
Neukirchen
Pressig
Köditz
Westhausen
Meeder
Neustadt
Wilhelmsthal
Geroldsgrün
Naila
Hof
Mährenhausen
Rödental
Neuhaus-Schierschnitz
Stockheim
Steinwiesen
Selbitz
Leupoldsgrün
Heldburg
Wiesenfeld
Coburg
Oberkotzau
Rieth
Bad Colberg
Wasungen
Mitwitz
Marktrodach
Wallenfels
Schwarzenbach am Wald
Konradsreuth
Weitramsdf.
Ebersdorf
Presseck
Schwarzenbach a. d. Saale
Maroldsweisach
Haarth
Sonnefeld
Kronach
Grafengehaig
Helmbrechts
Münchbg.
Oberelldorf
Untersiemau
Weißenbrunn
Pfaffendf.
Seßlach
Stadtsteinach
Weißdf.
Pfarrweisach
Michelau
Küps
Sparneck
Kirchenlamitz
Bauernhofmus.
Rossach
Redwitz
Marktleugast
Burgpreppach
Hochstadt
Burgkunstadt
Untersteinach
Stammbach
Bad Staffelstein
Lichtenfels
Mainroth
Marktschorgast
Gefrees
Ebern
Altenkunstadt
Kulmbach
Weißenstadt
Roth
Mainleus
Himmelkron
Jesserndorf
Weismain
Röslau
Kirchlauter
Ebensfeld
Kleukheim
Thurnau
Bad Berneck
Wunsiedel
Reckendorf
Rattelsdf.
Wattendorf
Stadelhofen
Ochsenkopf
Warmensteinach
Bad Alexandersbad
Zapfendorf
Neudrossenf.
Bindlach
Goldkronach
Fichtelberg
Ebelsbach
Baunach
Breitengüßbach
Scheßlitz
Königsfeld
Sanspareil
Wonsees
Bayreuth
Nagel
Waldershof
Brand
Hallstadt
Memmelsdorf
Hollfeld
Wagner Opernhaus
Eremitage
Weidenberg
Litzendorf
Mistelgau
Eckersdorf
Bamberg
Zeegendorf
Aufseß
Plankenfels
Gesees
Kulmain
Trabelsdf.
Heiligenstadt
Waischenfeld
Speichersdorf
Kemnath
Stegaurach
Strullendorf
Creußen
Unterbruck
Frensdorf
Streitberg
Trockau
Schnabelwaid
Neustadt a. Kulm
Burgebrach
Hirschaid
Buttenheim
Behringersmühle
Schlammersdorf
Windischeschenbach
Pressath
Eggolsheim
Ebermannstadt
Pottenstein
Pegnitz
Schlüsselfeld
Pommersfelden
Hallerndorf
Pretzfeld
Gößweinstein
Kirchenthumbach
Eschenbach i.d. Opf.
Schwarzenbach
Höchstadt
Adelsdorf
Weilersb.
Weidensees
Forchheim
Kirchehrenb.
Auerbach
Grafenwöhr
Erlebnispark Schloss Thurn
Egloffstein
Baiersdorf
Betzenstein
Fränkisches Wunderland
Uehlfeld
Röttenbach
Effeltrich
Hiltpoltstein
Kaltenbrunn
Weisendorf
Heßdorf
Bubenreuth
Gräfenberg
Plech
Neuhaus
Freihung
Neunkirchen
Simmelsdorf
Velden
Königstein
Vilseck
Neustadt a. d. Aisch
Erlangen
Eckental
Schnaittach
Pegnitz
Hirschbach
Edelsfeld
Kohlberg
Herzogenaurach
Heroldsberg
Vorra
Neukirchen b. Sulzb.-Rosenbg.
Großschönbrunn
Kirchensittenb.
Gebenbach
Puschendorf
Reichenschwand
Hersbruck
Hahnbach
Langenzenn
Fürth
Lauf a.d. Pegnitz
Pommelsbrunn
Hartmannshof
Sulzbach-Rosenberg
Wilhermsdorf
Röthenbach
Happurg
Sunzendorf
Freudenberg
Neuhof a.d. Zenn
Cadolzburg
Zirndorf
Schwaig b. N.
Leinburg
Offenhausen
Alfeld
Illschwang
Amberg
Playmobil Fun Park
Nürnberg
Kümmersbruck
Großhabersdorf
Oberasbach
Stein
Altdorf b. Nürnbg.
Lauterhofen
Ursensollen
Dietenhofen
Heilsbronn
Rohr
Schwabach
Wendelstein
Postbauer-Heng
Burgthann
Berg
Trautmannshofen
Hausen

IMPRESSUM

Verantwortlich: Kerstin Thiele
Lektorat: Michaela Zelfel
Korrektorat: Helga Peterz
Layout: Elke Mader
Repro: P·R·O·MEDIEN PRODUKTION
Kartografie: Huber Kartographie
Herstellung: Anna Katavic
Printed in Slovenia by Florjancic

★★★★★

Sind Sie mit diesem Titel zufrieden? Dann würden wir uns über Ihre Weiterempfehlung freuen. Erzählen Sie es im Freundeskreis, berichten Sie Ihrem Buchhändler oder bewerten Sie bei Onlinekauf. Und wenn Sie Kritik, Korrekturen oder Aktualisierungen haben, freuen wir uns über Ihre Nachricht an Bruckmann Verlag, Postfach 40 02 09, D-80702 München oder per E-Mail an lektorat@verlagshaus.de.

Unser komplettes Programm finden Sie unter www.bruckmann.de

Alle Angaben dieses Werkes wurden von den Autoren sorgfältig recherchiert und auf den neuesten Stand gebracht sowie vom Verlag geprüft. Für die Richtigkeit der Angaben kann jedoch keine Haftung übernommen werden, weshalb die Nutzung auf eigene Gefahr erfolgt. Insbesondere bei GPS-Daten können Abweichungen nicht ausgeschlossen werden. Sollte dieses Werk Links auf Webseiten Dritter enthalten, so machen wir uns die Inhalte nicht zu eigen und übernehmen für die Inhalte keine Haftung.

In diesem Buch wird aus Gründen der besseren Lesbarkeit das generische Maskulinum verwendet. Weibliche und anderweitige Geschlechteridentitäten werden dabei ausdrücklich mitgemeint, soweit es für die Aussage erforderlich ist.

Bildnachweis: Alle Bilder des Innenteils stammen von den Autoren.
Umschlagvorderseite: Norbert Eisele-Hein: Fahrt durch das Berchtesgadener Land
Umschlagrückseite: Bahnmüller Bildverlag: Am Forggensee

Die Deutsche Nationalbibliothek verzeichnet diese Publikation in der Deutschen Nationalbibliografie; detaillierte bibliografische Daten sind im Internet über http://dnb.d-nb.de abrufbar.

Infanteriestraße 11a, 80797 München

ISBN 978-3-7343-2157-3